明清宫藏闽台关系档案图录

中国第一历史档案馆　福建省档案馆　福建师范大学　合编

编委会主任　孙森林　丁志隆　汪文顶
总　主　编　李国荣　林　真　谢必震

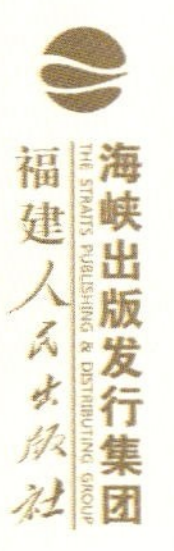

福建人民出版社
海峡出版发行集团
THE STRAITS PUBLISHING & DISTRIBUTING GROUP

上

图书在版编目（CIP）数据

明清宫藏闽台关系档案图录 / 中国第一历史档案馆，福建省档案馆，福建师范大学合编. --福州：福建人民出版社，2018.7

ISBN 978-7-211-08028-1

Ⅰ. ①明… Ⅱ. ①中… ②福… ③福… Ⅲ. ①福建—地方史—史料—明清时代②台湾—地方史—史料—明清时代 Ⅳ. ①K295.7②K295.8

中国版本图书馆CIP数据核字(2018)第143766号

明清宫藏闽台关系档案图录（上、下）

MINGQING GONGCANG MINTAI GUANXI DANG' AN TULU

作　　者：中国第一历史档案馆　福建省档案馆　福建师范大学　合编
责任编辑：陈稚瑶
美术编辑：白　玫
版式设计：彦之工作室
出版发行：福建人民出版社
电　　话：0591-87604366(发行部)
地　　址：福州市东水路76号
邮　　编：350001
网　　址：http://www.fjpph.com
电子邮箱：fjpph7211@126.com
经　　销：福建新华发行（集团）有限责任公司
印　　刷：深圳市国际彩印有限公司
地　　址：深圳市龙华新区大浪街道华霆路1号
开　　本：889毫米×1194毫米　1/16
印　　张：43.5
版　　次：2018年7月第1版　　2018年7月第1次印刷
书　　号：ISBN 978-7-211-08028-1
定　　价：1000.00元

#《明清宫藏闽台关系档案图录》

前言

福建与台湾隔海相望，自古以来就有着千丝万缕的密切关系。两地地缘相近，血缘相亲，隶属与共，在长期的历史发展过程中，逐渐形成了一个共同的文化区域，即闽台区域。闽台区域既保持着中华文化的共性，也彰显着地域文化的特性。

远古时代，闽台两地属环太平洋构造带，两地往来依赖东山陆桥得以实现。后来，冰期结束，气温回暖，海平面上升，形成了台湾海峡。但闽台先民仍保持着人员、物资的交流与互动，大量的考古资料很好地证明了这一点。闽台之间在区域上的天然联系，是闽台关系形成的地理基础。

进入文明时期，福建与台湾的关系不断发展。三国时期的“夷洲”，《隋书》记载的“流求”，都与福建密切相关。宋代将澎湖划归福建晋江县管辖，并派遣军队戍守。到了元代，朝廷在澎湖设置巡检司，加强行政管辖。明末，郑成功收复台湾、设立政权，开发台湾。清初，康熙统一台湾，并将台湾纳入中央政府的行政管理体系中。

康熙统一台湾之后，朝廷关于台湾的弃与留有过一场激烈的争论。统一台湾的功臣施琅力主留台，他在上给朝廷的折子《恭陈台湾弃留疏》中提出：“备见野沃土膏，物产利薄，耕桑并耦，鱼盐滋生，满山皆属茂树，遍处俱植修竹。硫磺、水藤、糖蔗、鹿皮，以及一切日用之需，无所不有……此诚天以未辟之方舆，资皇上东南之保障，永绝边海之祸患……台湾一地，虽属外岛，实关四省之要害。勿谓彼中耕种，犹能少资兵食，固当议留；即为不毛荒壤，必藉内地挽运，亦断断乎其不可弃。”最终，清廷接纳和吸收了施琅的意见，将台湾纳入中央政府的行政管理体系中。由此，闽台两地交往更加密切与频繁，并逐步形成了“闽台区域一体化”的发展格局。

虽隔海相望，但闽台之间长期以来的交往与融合，推动了台湾社会稳定，人口增长，经济发展，台湾逐渐成为富甲东南的宝岛。大量的明清宫廷所藏闽台关系档案，也深刻地印证了这一历史过程。从现存的档案来看，闽台两地的密切联系主要体现在以下五个方面：

其一，台隶闽省及台湾行政建制的逐步完善。随着台湾人口的增加和土地不断被开发，清政府逐渐扩大和完善在台湾的行政机构。最初设立台湾府，下辖台湾、凤山、诸罗（乾隆年间改名嘉义县）三县，形成“一府三县”格局；后于雍正元年（1723年）在诸罗县增设彰化县与淡水厅，又于雍正五年（1727年）新设澎湖厅，形成“一府二厅四县”格局。嘉庆十七年（1812年），增设噶玛兰厅。光绪元年（1875年）再次进行重大调整，增设恒春县、卑南厅和埔里社厅，属台湾府，又于北部增设台北一府，管辖淡水、新竹、宜兰三县，鸡笼一厅。至此，台湾共有二府、八县、四厅。光绪十一年（1885 年），台湾改设行省，但与福建仍保持着密切的关系。台湾建省，这是中国近代史上的一件大事，也是台湾历史的一个重要里程碑。台湾建省后，地方行政建置得到新的发展，被划分为三府、一直隶州、十一县、五厅。

闽台行政建制关系有两个十分显著的特征：一是在清朝对闽台地区的管辖中，军事镇守色彩浓厚。清初，东南地区最高军政长官为闽浙总督。顺治十五年（1658 年），为加强对明郑用兵，专设福建总督。此后建制有所反复，雍正十二年（1734 年）最终定制为闽浙总督。清朝总督一般都兼管数省，一省专设总督的情况比较少见，可见其对闽台海防之重视。为了确保对东南地区的控制，清朝还在福州设将军，在长乐琴江设水师旗营。台湾海峡一旦有警事，军队可立即出动。乾隆晚年，以福建督抚、福建水陆两大提督及福州将军轮流巡视台湾的规例替代之前的巡台御史制度，加强了闽台军事一体化。

二是闽台两地之间官员的派遣和调任较为频繁，特别是闽省官员赴台湾任职，渐成定例。在大量的宫藏档案中我们看到，凡台湾道、府级官员出缺，则有福建督、抚从现任闽省品级相当的官员中推荐，由朝廷“特旨补用”，任满回调也由朝廷安排；同知、通判、知县及以下官员，则由福建督、抚从现任闽省官员中选用，任满回调一般也留在福建安排。长期的经营，使得闽台两地行政关系特别密切，形成了“闽台行政一体化”的格局。

其二，福建移民促进了台湾社会经济的发展。清政府统一台湾后，将台湾划归福建省的行政管辖范畴。这一时期，福建漳泉一带，掀起了一股大规模移民台湾和开发台湾的浪潮，大陆移民促进了台湾社会经济的发展。台湾从一个尚未完全开发的岛屿，成为一个农业生产和传统经济均相当繁荣的区域。在开垦初期，台湾的农业生产以粗放式经营为主，台湾“土壤肥沃，不粪种，粪则穗重而仆。种植后听其自生，不事耘锄，惟享坐获，每亩数倍于内地”。汉民移居台湾后，将先进的农业耕植技术传入台湾，台湾农业进入了精耕细作的阶段。台湾优越的地理气候环境，使得台湾物产充盈，十分富庶。因此内地省份一旦遇上灾荒，赈灾之米谷多从台湾调拨，档案中有许多记载台粮调拨沿海各省的事例。

闽台商贸交往也随着台湾的开发而不断发展。康熙二十三年（1684年），清政府开通了台湾府城台南内港鹿耳门与厦门之间的对渡贸易。随着经济的不断发展，贸易范围的日益扩大，两岸逐渐形成优势互补，原有的双口对渡贸易已远远不能满足日益发展的交往需求。于是清廷又在乾隆四十九年（1784年）和乾隆五十五年（1790年）分别增开台湾彰化鹿仔港与泉州蚶江口、台湾淡水八里坌（艋舺淡水溪出海口）与福州五虎门的对渡贸易航线。由此，台南、鹿仔港、艋舺成为台湾繁荣的商业中心及两岸商贸往来的货物集散地，史称“一府二鹿三艋舺”。通过一代又一代移民胼手胝足、筚路蓝缕的艰辛开拓，台湾从最初的荒芜之地一跃成为东南商品贸易繁荣活跃之地，富甲一方。

福建移民在这一过程中，还与台湾少数民族有着互动。清代，在台湾开发过程中，处理汉族与少数民族矛盾，改善二者关系，始终是个重大问题。移民到台湾开垦必然与少数民族产生交集，因此他们也经历了一个从冲突到融合的过程。在这个过程中，台湾少数民族渐渐吸纳了汉族民众先进的生产技术和生活模式，汉族与少数民族也由互不往来发展到密切联系乃至可以通婚的关系。清政府采取“抚番”政策，设通事与各部落联络交往。特别是沈葆桢到台湾督办军政事务后，实行“开山抚番”政策，有力地促进了台湾各民族间的友好往来，对提高台湾少数民族经济、教育、文化发展水平，具有进步意义。

其三，闽台统一的文教体制与台湾社会“儒学化”的完成。清朝统一台湾后，在台湾实施了与大陆同步的教育体制，建立相应的教育行政机关，设立府县厅儒学，实行科举考试。

台湾府县儒学成为政府实行教化政策的重要基地。此外，清政府还通过设立书院、私塾、义学、社学等教育场所，将儒学教育普及到城镇乡村。朱子乃闽学大儒，台湾书院与福建一样多立朱子专祠以祀。

在闽台教育一体化的过程中，台湾的科举考试从一开始就与福建连为一体。台湾考生一般都在籍贯处标明“福建省”；中举或中进士者，均列在题名录中福建省栏下。考虑到台湾教育水平较为落后，为了照顾台湾考生，清廷还特意在福建乡试中为台地士子设立专门的保障名额。台湾考生中举后多被分配到福建担任教职，或是外放出任知县等职。清代台湾一共产生33名进士，他们中许多人与福建关系密切，如施士洁、许南英、汪春源等，留下了许多名载史册的佳话。

其四，闽台海防一体化的军事部署与海防体系的形成。台湾具有重要的战略地位，是中国东南沿海的屏障。由于福建与台湾隔海相望，清政府十分注重闽台区域的海防，并逐步完成了闽台海防一体化的建设。

清政府在台湾实行有别于大陆的军事制度——“班兵制”。闽台地理位置最为接近，抽调闽省原有的兵丁来台戍守，则“兵无广额，饷无加增”，可以减轻军费的负担。因此，在班兵的实际组建过程中，“将弁兵丁，陆路者皆由漳州、汀州、建宁、福宁、海坛、金门等六镇标，及福州、兴化、延平、闽安、邵武等五协标抽调而来；其水师则由福建之海坛、金门、闽安三协标，及广东水师之南澳镇标抽派而来”。福建闽安、东山和秦屿是当时轮流戍守台湾的班兵三大驻扎基地，明清宫藏档案记载着众多从这三地抽调部分将士驻防台湾的事例，从而见证了闽台军事一体化的历史。

同治十三年（1874年）发生的日本侵台事件，使得清政府意识到台湾在海防中的重要地位，并派遣熟悉闽台军政事务的沈葆桢作为钦差大臣，前往台湾督办防务。沈葆桢到台湾后，施行的改革措施主要有：一是加强海防建设，聘请外国工程师在安平南面设计修筑“亿载金城”炮台，在屏东东港建造东港炮台，在高雄的鼓山和旗山建造打狗炮台，重修台南府所在的半月城，修建台北府城等，并建议将马尾造船厂制造的船舰用于防务建设。二是奖励移民，“开山抚番”。沈葆桢鼓励大陆移民到台垦殖，发展农业。撤销禁海令后，沈葆桢在各地设招垦局，招募移民开山修路，改善南北交通，加强平原和高山地区之间的联系与合作，确保海防建设的经济基础。沈葆桢强调台湾的海防必须依托祖国大陆，做到“闽台联防”，提出福建水师应将台湾纳入巡防范围的建议。他认为台湾海防有备，中国海防可以无忧；台湾安全受威胁，则中国海防全局震动。欲固海防，必筹台防。

台湾建省后，首任巡抚刘铭传继续推行闽台海防一体化进程。他认为台湾战略地位固然重要，但若孤立无援，没有大陆作为后盾，台湾不可能建立起稳固的防务体系。基于此，刘铭传建议福建水师应驻防台、澎，“如能澎、厦驻泊兵船，防务严密，敌船附近，无可停泊，则不能飞越深入，不顾后路”。此外，刘铭传也注意加强澎湖的防务，添设了一批炮台，并挑选训练有素的水师驻防。刘铭传还将台湾一半以上的兵力布置在台北防区，并在沪尾、基隆和台北府等地修建了许多坚固的炮台。

其五，两岸人民休戚与共、共同抵御外侮的历史可歌可泣。在中国近代史上的反侵略斗争中，闽台两地人民共同抵御外敌入侵，同心协力，前赴后继，一起谱写了惊天地、泣鬼神的动人诗篇。

第一次鸦片战争期间，在台湾道姚莹和台湾镇总兵达洪阿的有力组织和领导下，台湾军民顽强地抵抗英军入侵，多次击退了他们的进攻，取得了一次又一次的胜利，杀伤和俘虏了英军数百人。英国侵略者在侵台过程中遭到了沉重的打击，再也不敢进犯台湾。台湾军民的胜利，有力捍卫了祖国的领土。

同治十三年（1874年）日本以“牡丹社事件”为借口，兴兵侵台。清政府命福建船政大臣沈葆桢率福建水师兵舰赴台与日方交涉，处理台湾事务。沈葆桢精心布置台湾防务，包括招募勇营、举办团练、添置军火、兴筑炮台、拟购铁甲舰、筹议铺设陆上及海底电报、开通山路等等。面对中国军队的严密防守，日寇只能知难而退。

中法战争爆发后，法国派遣舰队入侵中国东南沿海，分别开进福州和基隆港。光绪十年（1884年）六月十五日，法国军舰率先开炮轰击基隆港并强行登陆，时任督办台湾事务大臣刘铭传率领军民殊死抵抗，迫使法军退回海上。七月初三日，法国军舰向福建水师发动猛烈攻击，导致福建水师全军覆没，闽江下游至出海口的岸防设施全部被摧毁。失去了福建海上力量支援的台湾海防吃紧。八月，法舰又分头进犯台湾基隆和沪尾，并对台湾实行海上封锁，后来还占据了澎湖列岛。虽然法国侵略者强占台湾的阴谋最终失败了，但中法战争使得清廷上下都认识到台湾海防的战略意义，由此决定将台湾单独设省，与福建联成一气。

甲午战败后，清政府与日本签订了《马关条约》，被迫将台湾全岛及所有附属各岛屿和澎湖列岛割让给日本。消息传出，举国震惊。台湾人民如同“午夜暴闻轰雷，惊骇无人色，奔走相告，聚哭于市中，夜以继日，哭声达于四野”。他们鸣锣罢市，涌入抚署，愤怒抗议割让台湾。许多台湾民众向台湾巡抚递交血书，表达了与台湾共存亡，与日本侵略者血战到底的决心。大批福建人民与台湾同胞一道，举起了武装抗日的义旗，抗倭守土，掀起了一场轰轰烈烈的反侵略斗争，沉重地打击了日本侵略军的嚣张气焰。虽然由于敌我力量悬殊，加之领导人物抵抗决心不够坚定，台湾最终未能摆脱日本的殖民统治。但此后闽台两地反抗日本侵台的斗争一天也没有间断过，日本殖民统治台湾的半个世纪，亦是闽台两地人民携手反抗日本殖民侵台斗争的五十年。

档案文献是有形的文物，更是无声的历史。借助档案文献，能够准确还原那些曾经的历史事件、历史人物，能够清晰了解时代发展的历史脉络。为此，我们从卷帙浩繁的明清宫藏档案中撷选了百余份反映闽台关系发展历史脉络和特点的档案，并配以相应的历史图片，汇编成册。透过这些档案和图片，我们可以看到闽台关系的发生、发展与变化，我们可以看到闽台之间由于地缘、血缘、文缘、商缘和法缘等密不可分的关系，最终形成了闽台全方位一体化格局。闽台之间这种骨肉亲情，这种两岸一家亲的关系由来已久、血浓于水，有图片资料为证，有档案文献可鉴。

《明清宫藏闽台关系档案图录》编委会

2017年10月

目录

【第一部分】血脉相连　驱荷复台

【第四部分】科举兴学　推行教化

【第五部分】整饬营伍　固防海疆

【第六部分】休戚与共　协力御敌

【第七部分】日本觊觎　兴兵扰台

【第八部分】实行新政　变革自强

【第九部分】设立行省　联成一气

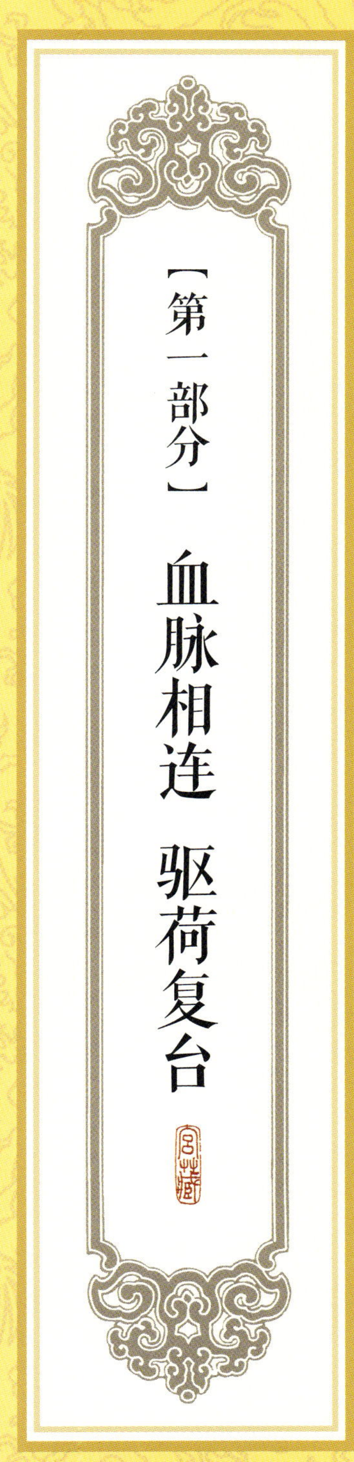

【第一部分】

血脉相连　驱荷复台

福建与台湾之间天然的地理联系，创造了福建先民迁徙台湾的便利条件。台湾与福建，从旧石器时代开始，就有着非常密切的联系。春秋至秦汉时期，福建境内的闽越族人跨越台湾海峡，成为台湾早期居民。三国时期，沈莹在《临海水土志》中所描述的台湾先民，其生活状况与我国东南沿海的闽越族一样。《后汉书》《三国志》等历史文献也均有内陆人民与台湾交往的记载。宋元时期，我国对台湾的行政管辖力度逐渐加大，汪大渊所撰《岛夷志略》记载，澎湖“地隶晋江县，至元年间，立巡检司”。这是中央政府第一次在台湾澎湖地区建立行政机构，台澎地区正式纳入中国版图。福建移民渡海迁徙入台在明清时期达到高峰。现在的台湾同胞中，有四分之三的祖籍地是福建，闽台人民同根同祖，血脉相连。

福建移民在迁台之初，为了共同战胜恶劣的地理环境，或聚族而居，或邻里相集，形成一个个“同乡聚落”或“血缘聚落”。在这样的聚落里，他们最大限度保存了原乡文化特征，带去家乡的语言、风俗、信仰乃至生活起居习惯，并且以家乡的山山水水来命名台湾的山山水水，例如台北地区的芝山岩、圆山里，云林县的平和厝，澎湖县的铜山馆等。

福建移民在迁居台湾过程中，出于心灵慰藉的需要，也将众多家乡神灵，如妈祖、保生大帝、关帝、开漳圣王、广泽尊王等的神像或香火袋作为护身符带到台湾，并为这些神灵建立在台的开基庙，形成了闽台世代相传的宗教信仰的交融关系。

台湾重要的地理位置以及富庶的自然资源引起了西方殖民者的觊觎。其中最早的是葡萄牙殖民者于明弘治十七年（1504年）、嘉靖十九年（1540年）两次侵入台湾。此后，荷兰、西班牙等西方殖民者也相继东来，为争夺亚洲东部海上霸权，入侵台湾及澎湖列岛。

万历三十二年（1604年），荷兰舰队司令韦麻郎率战舰侵入澎湖，在岛上“伐木筑舍”，为长期占领澎湖做准备，这是荷兰人第一次进犯澎湖。得知此事后，福建都司沈有容率战舰前往澎湖驱逐，斥责荷兰殖民者，严令韦麻[illegible]等撤出澎湖，不准通商。在明军强大的实力面前，荷兰殖民者最终选择了撤退。

天启二年（1622年），荷兰舰船再次入侵澎湖，但在明军强大军事压力下，荷兰入侵者再次撤离澎湖。在侵略澎湖的同时，荷兰殖民者还对台湾本岛进行了一系列的侵略活动。天启四年（1624年），荷兰殖民者窜至台湾岛南部的大员湾附近，并占领了该地，建筑城堡，命名为热兰遮（安平）。通过威胁、利诱以及武力征服等种种手段，荷兰殖民者向邻近地区扩展统治势力，并逐步向台湾岛的中部、北部地区推进。至崇祯十五年（1642年）荷兰人赶走了西班牙人，控制了台湾全岛。荷兰人占据台湾后，疯狂地掠夺台湾富庶的资源，并实行一系列的殖民统治，激起了台湾当地少数民族和以福建人为主体的汉人移民的联合反抗，台湾各地的抗荷斗争此起彼伏。

顺治十八年（1661年）三月二十三日，郑成功率领将士乘战船从金门料罗湾出发，浩浩荡荡向台湾进发，四月初二日，他们从鹿耳门水道成功登陆。经过数月的激战，郑成功率军歼灭了热兰遮城内的1600名荷兰官兵。康熙元年（1662年），荷兰东印度公司在台湾的最后一任长官揆一走投无路，出城投降，并在投降协议书上签字。被荷兰侵占38年的台湾回到了祖国的怀抱。

◎ 三国时期沈莹《临海水土志》中描述的有关台湾住民的生活状况与东南沿海闽越族十分相似

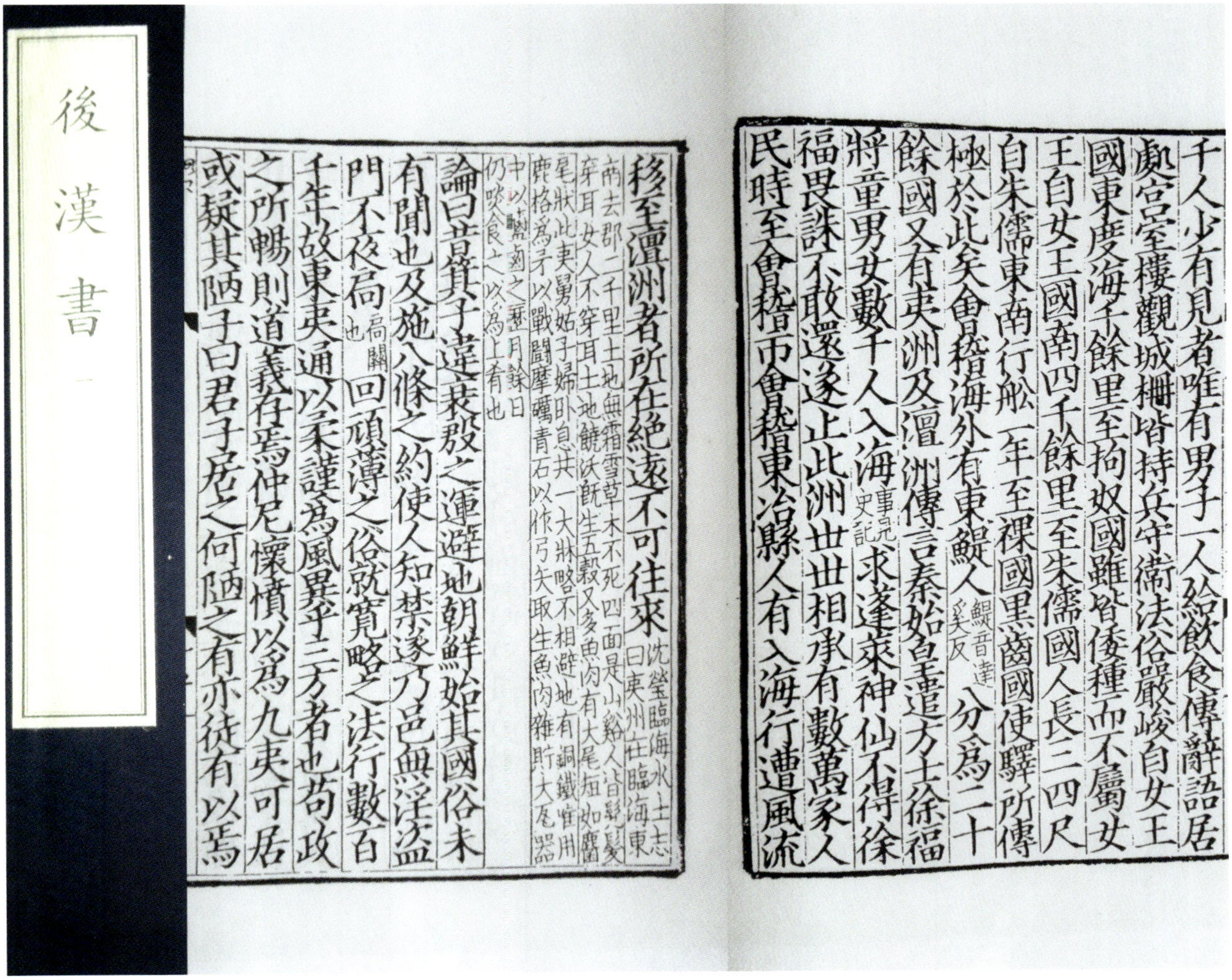

後漢書 一

千人少有見者唯有男子一人給飲食傳辭語居處宮室樓觀城柵皆持兵守衛法俗嚴峻自女王國東度海千餘里至拘奴國雖皆倭種而不屬女王自女王國南四千餘里至朱儒國人長三四尺自朱儒東南行船一年至裸國黑齒國使驛所傳極於此矣會稽海外有東鯷人（鯷音達奚反）分為二十餘國又有夷洲及澶洲傳言秦始皇遣方士徐福將童男女數千人入海（事見史記）求蓬萊神仙不得徐福畏誅不敢還遂止此洲世世相承有數萬家人民時至會稽市會稽東冶縣人有入海行遭風流移至澶洲者所在絕遠不可往來（沈瑩臨海水土志曰夷洲在臨海東南去郡二千里土地無霜雪草木不死四面是山谿人皆髡髮穿耳女人不穿耳土地饒沃既生五穀又多魚肉有犬尾短如麕尾狀此夷舅姑子婦卧息共一大牀略不相避地有銅鐵唯用鹿格為矛以戰鬭摩礪青石以作弓矢取生魚肉雜貯大瓦器中以鹽鹵之歷月餘日乃啖食之以為上肴也）

論曰昔箕子違衰殷之運避地朝鮮始其國俗未有聞也及施八條之約使人知禁遂乃邑無淫盜門不夜扃（扃關也）回頑薄之俗就寬略之法行數百千年故東夷通以柔謹為風異乎三方者也苟政之所暢則道義存焉仲尼懷憤以為九夷可居或疑其陋子曰君子居之何陋之有亦徒有以焉

◎《后汉书》中有关“夷洲”（台湾）的记载

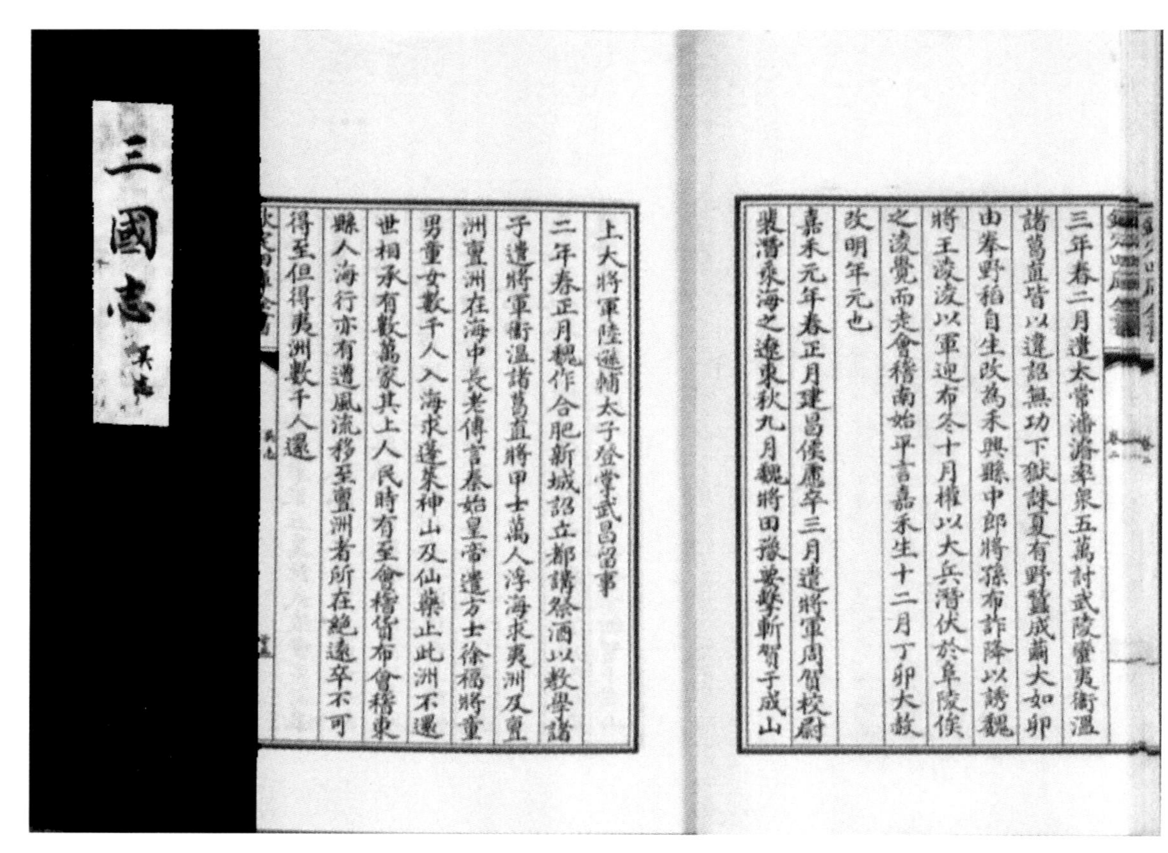
三國志 吳志

上大將軍陸遜輔太子登掌武昌留事
二年春正月魏作合肥新城詔立都講祭酒以教學諸
子遣將軍衛溫諸葛直將甲士萬人浮海求夷洲及亶
洲亶洲在海中長老傳言秦始皇帝遣方士徐福將童
男童女數千人入海求蓬萊神山及仙藥止此洲不還
世相承有數萬家其上人民時有至會稽貨布會稽東
縣人海行亦有遭風流移至亶洲者所在絕遠卒不可
得至但得夷洲數千人還

欽定四庫全書
三年春二月遣太常潘濬率衆五萬討武陵蠻夷衛溫
諸葛直皆以違詔無功下獄誅夏有野蠶成繭大如卵
由拳野稻自生改爲禾興縣中郎將孫布詐降以誘魏
將王淩淩以軍迎布冬十月權以大兵潛伏於阜陵俟
之淩覺而走會稽南始平言嘉禾生十二月丁卯大赦
改明年元也
嘉禾元年春正月建昌侯慮卒三月遣將軍周賀校尉
裴潛乘海之遼東秋九月魏將田豫要擊斬賀于成山

◎《三国志》有关吴国经营“夷洲”（台湾）的记载

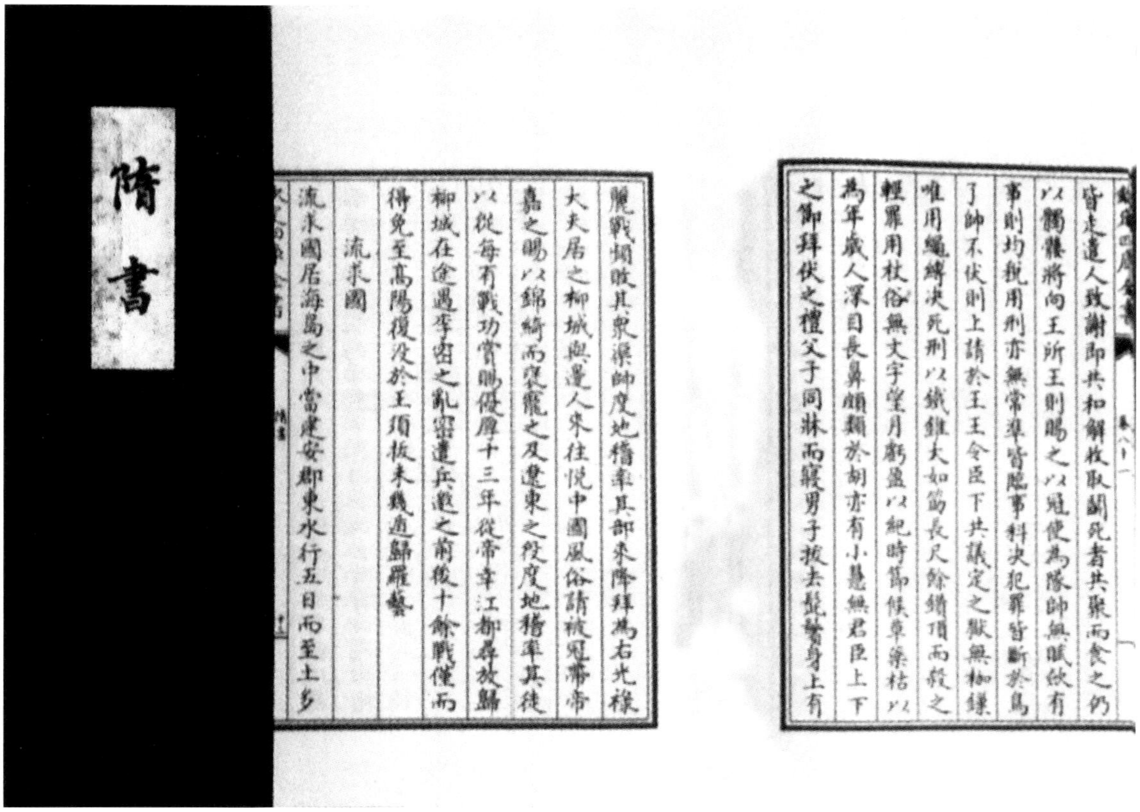

◎《隋书》有关隋朝经营“流求”（台湾）的记载

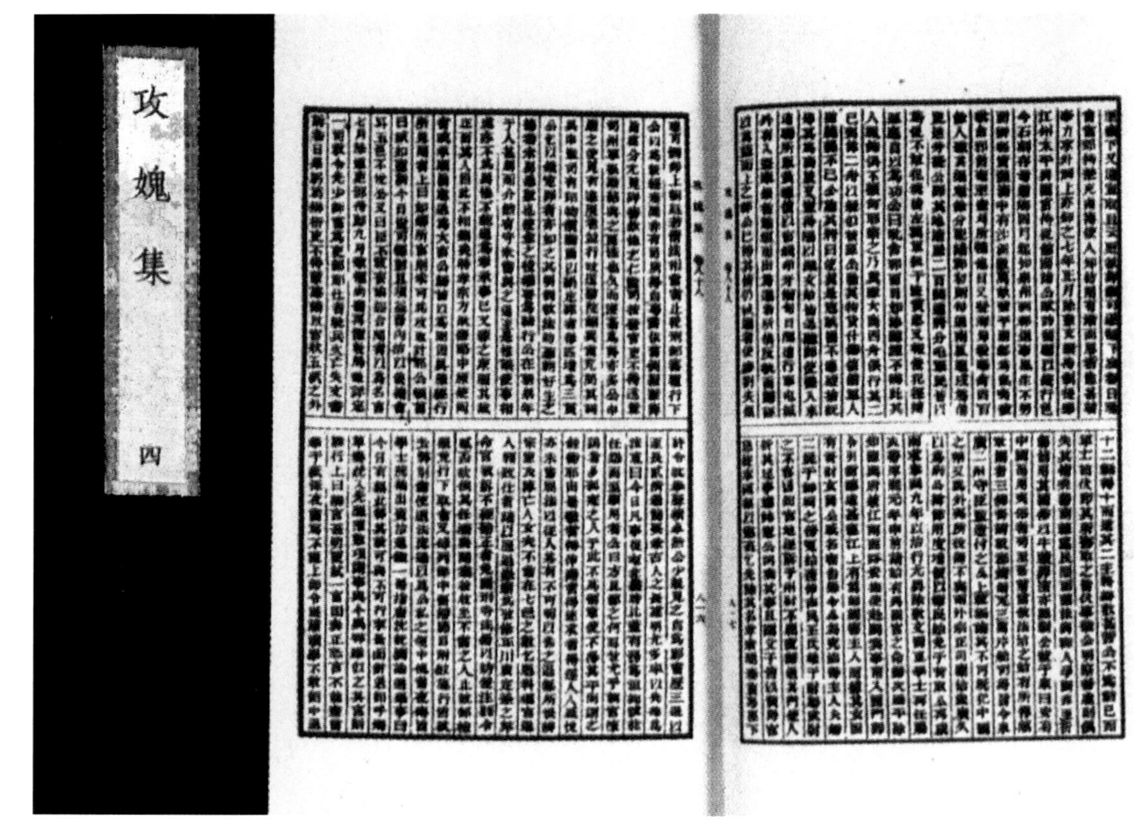

◎ 南宋楼钥《攻媿集》中有关在澎湖建造兵屋、驻军戍守的记载

◎ 南宋赵汝适《诸蕃志》中有关“泉有海岛，曰澎湖，隶晋江县”的记载

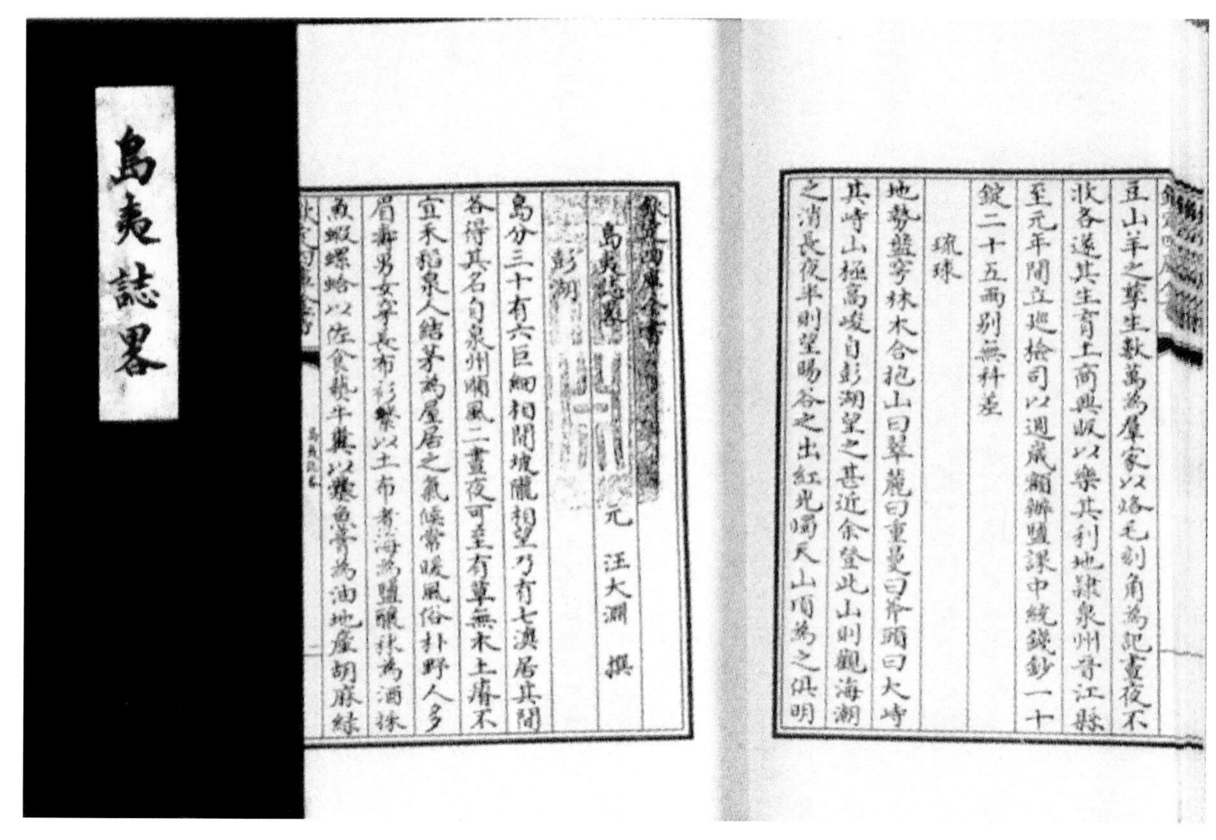

島夷誌畧

欽定四庫全書

島夷誌畧

元 汪大淵 撰

彭湖

島分三十有六巨細相間坡隴相望乃有七澳居其間各得其名自泉州順風二晝夜可至有草無木土瘠不宜禾稻泉人結茅為屋居之氣候常暖風俗朴野人多眉壽男女穿長布衫繫以土布煮海為鹽釀秫為酒採魚蝦螺蛤以佐食爇牛糞以爨魚膏為油地產胡麻綠豆山羊之孳生數萬為羣家以烙毛刻角為記晝夜不收各遂其生育土商興販以樂其利地隸泉州晉江縣至元年間立巡檢司以週歲額辦鹽課中統錢鈔一十錠二十五兩別無科差

琉球

地勢盤穹林木合抱山曰翠麓曰重曼曰斧頭曰大峙其峙山極高峻自彭湖望之甚近余登此山則觀海潮之消長夜半則望暘谷之出紅光燭天山頂為之俱明

◎ 元代汪大渊《岛夷志略》中有关澎湖隶属泉州府晋江县以及“至元年间，立巡检司”的记载

◎ 17世纪台湾岛上汉人生活图

◎ 赤嵌楼群貌

◎ 明沈有容谕退红毛番韦麻郎碑

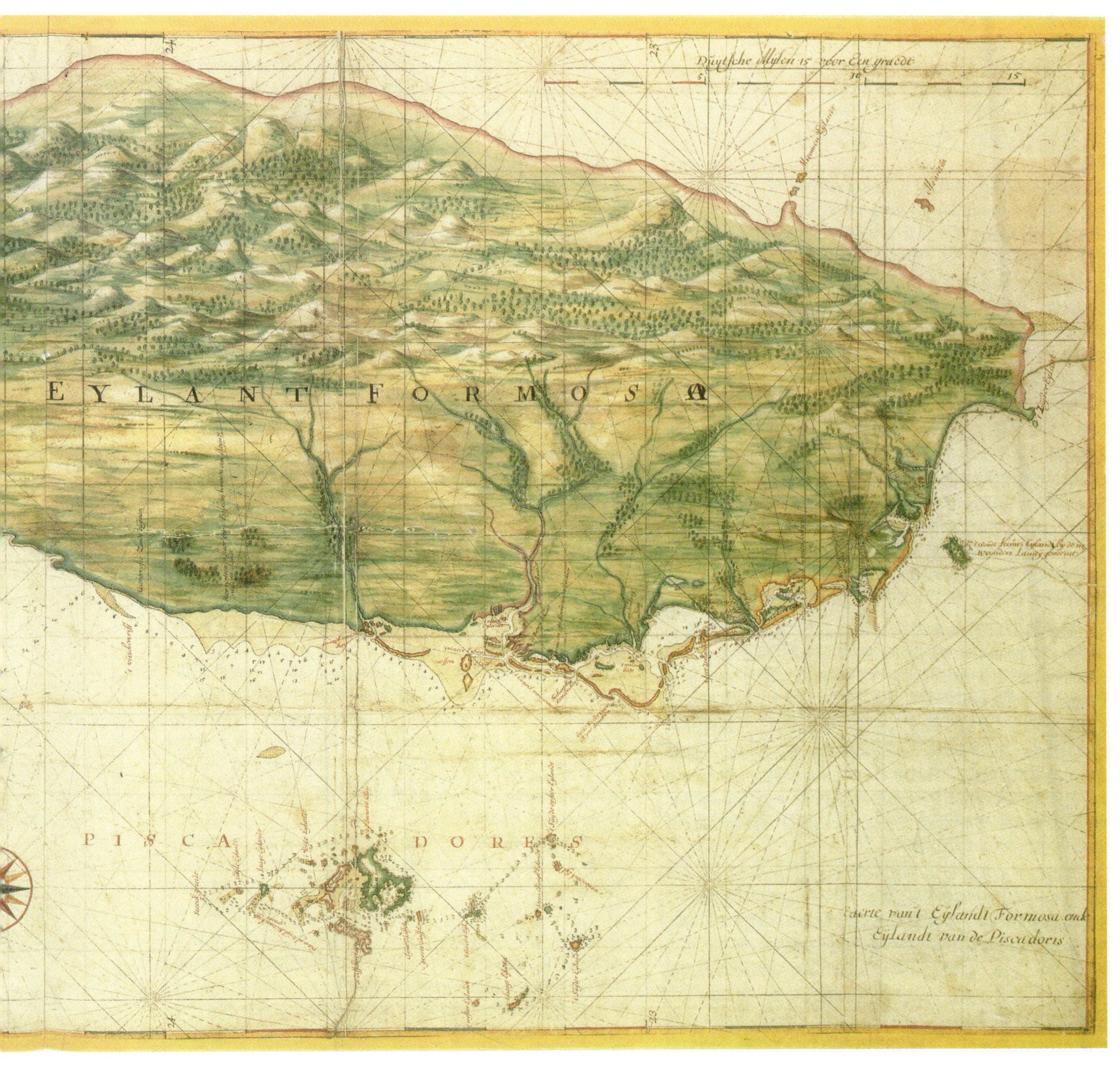

◎ 17世纪荷兰人绘制的台湾全图

◎ 西班牙人绘制的台湾北部港湾图

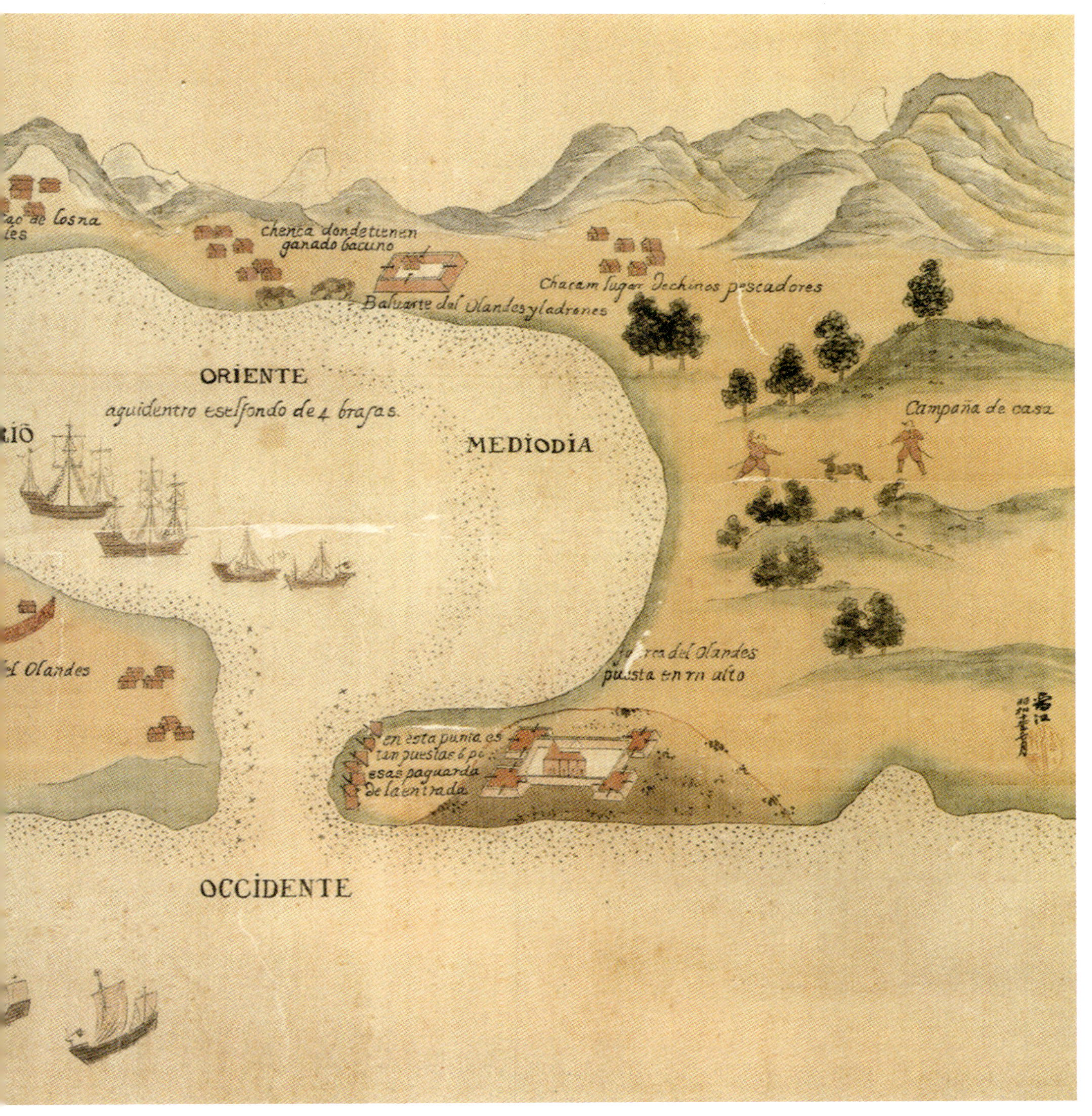

◎ 西班牙人绘制的荷兰人在台湾鹿耳门港口图

◎ 大员港市鸟瞰图

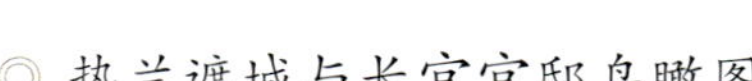

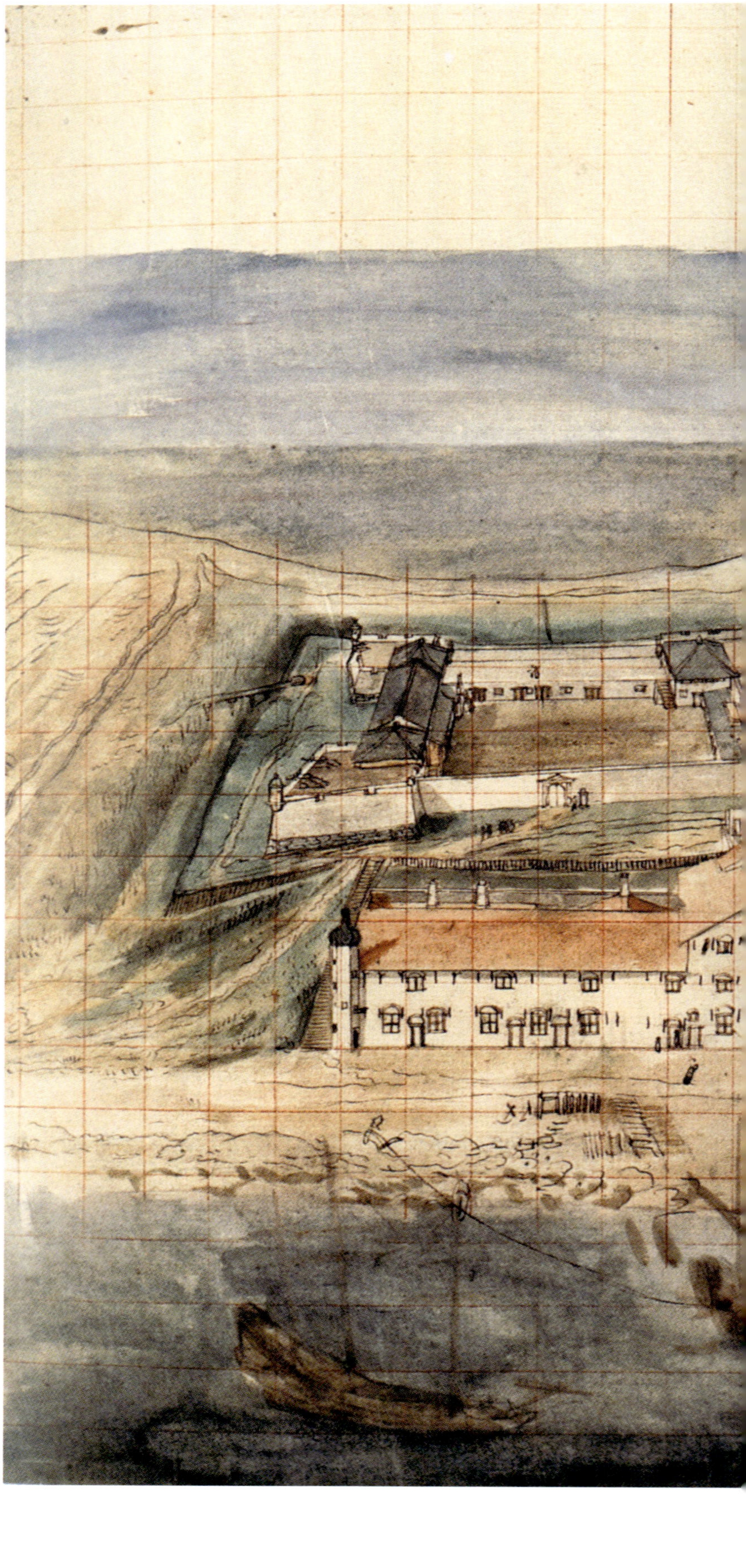

◎ 热兰遮城与长官官邸鸟瞰图

Fort de Zeelande ou d

◎ 荷兰人所建热兰遮城

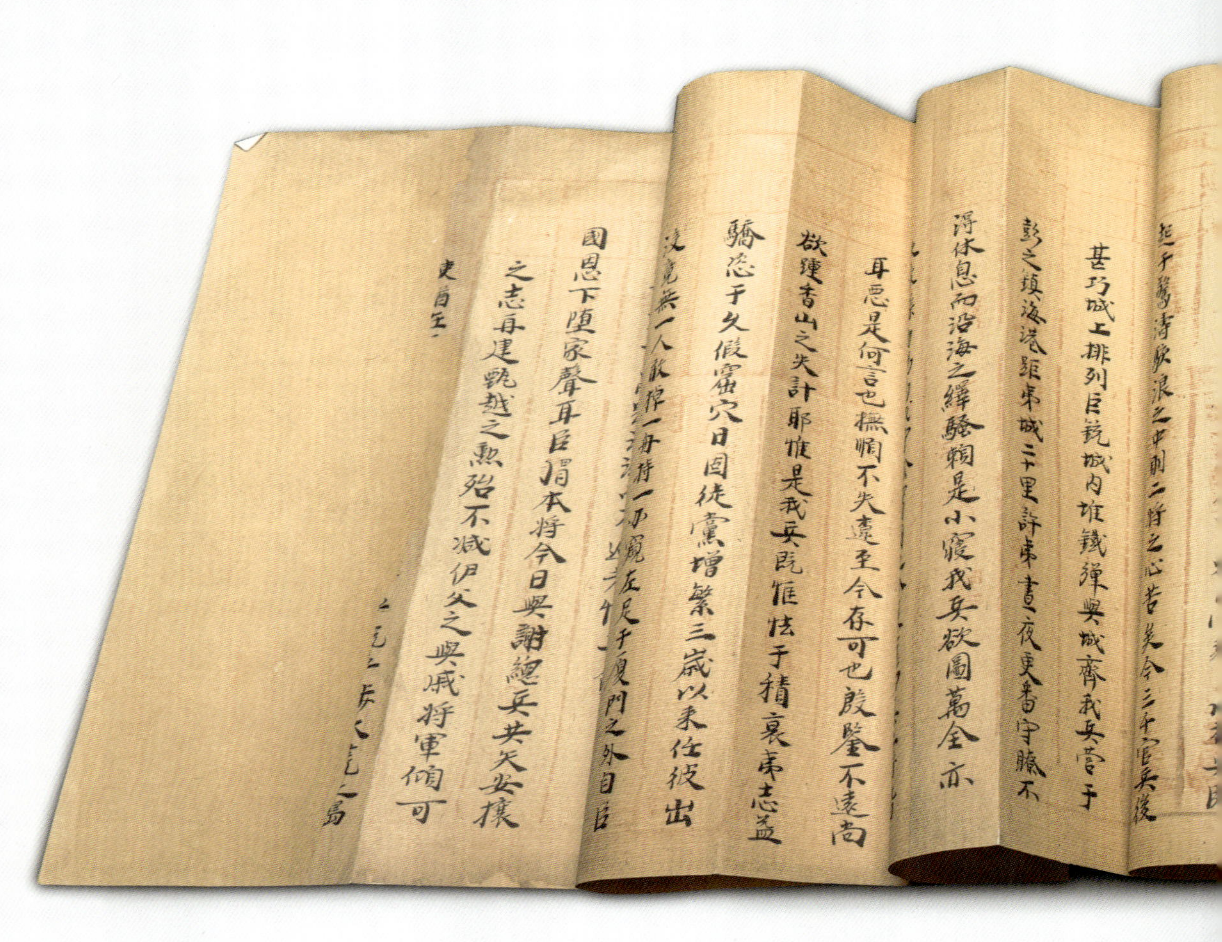

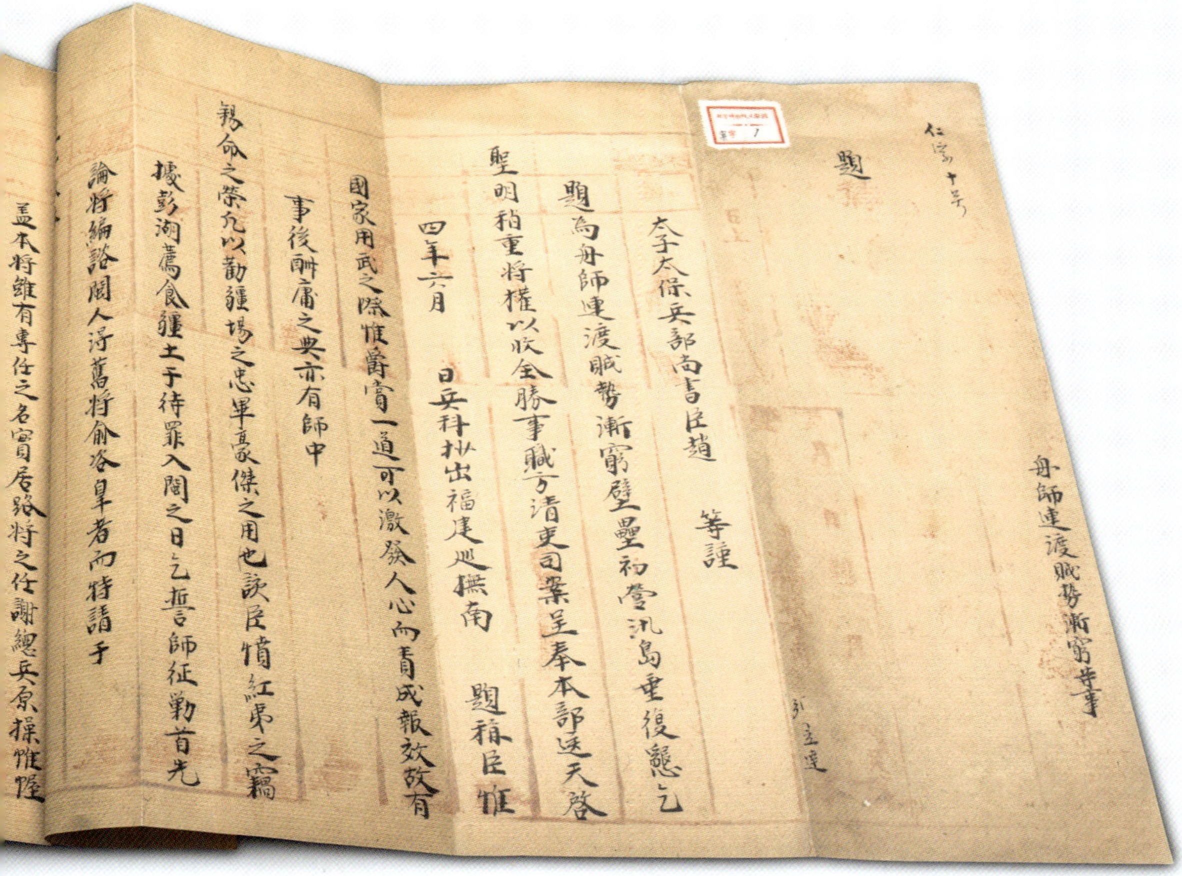

兵部尚书赵彦题行稿：

官兵渡海收复澎湖（尾缺）

天启四年(1624年)

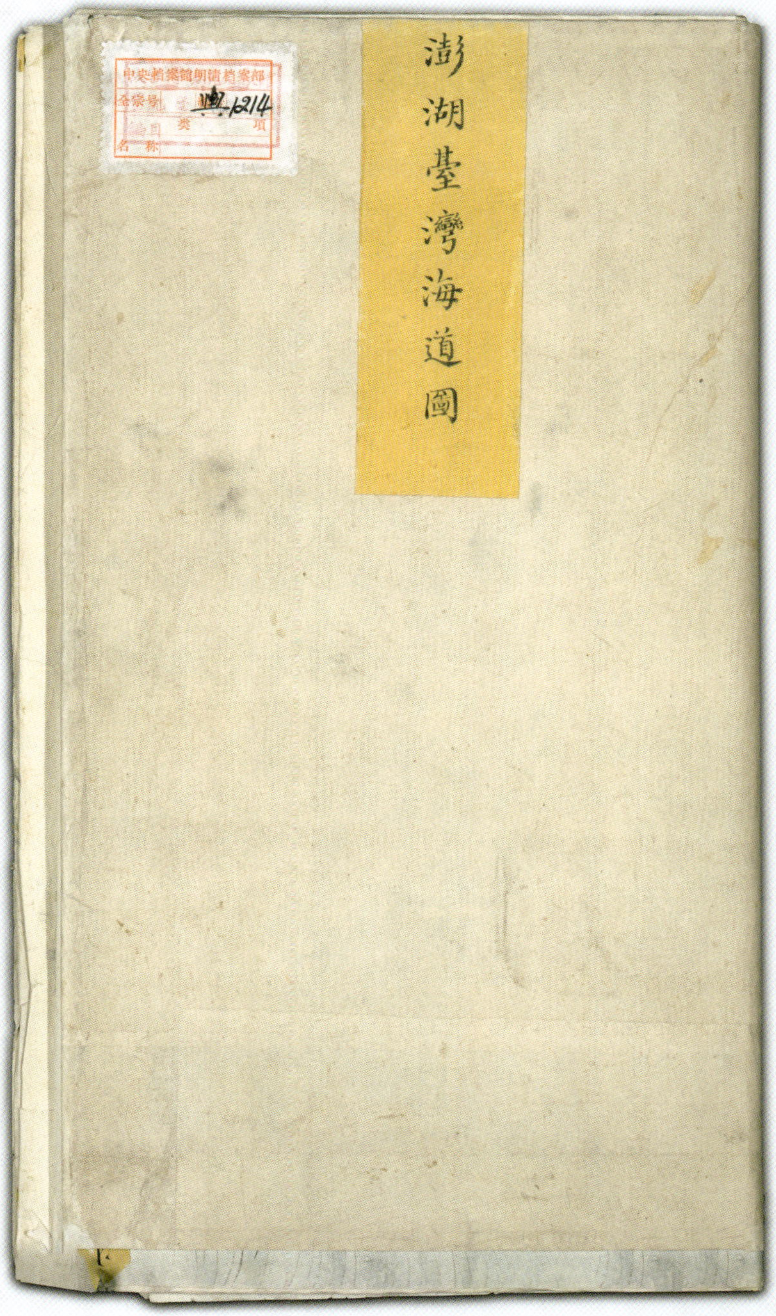

◎ 澎湖台湾海道图

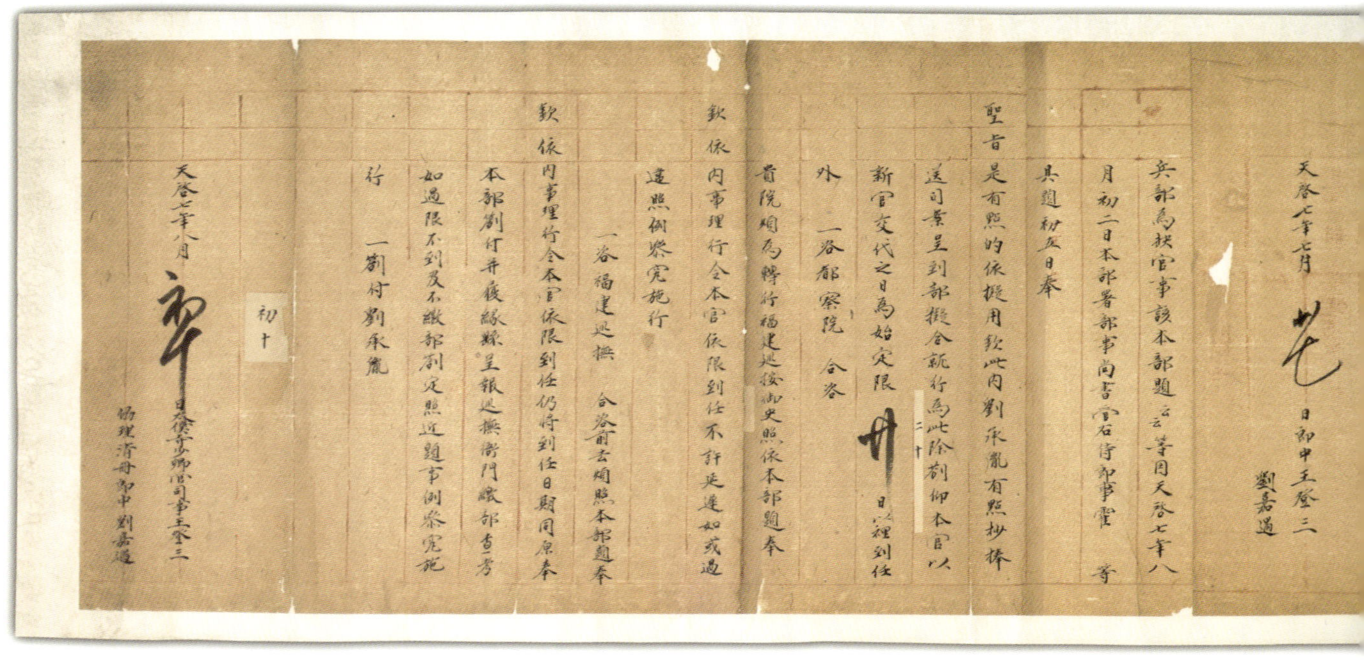

天啓七年七月　[花押]　日　郎中王登三
劉嘉遇
兵部爲秩官事該本部題云云等因天啓七年八
月初二日本部署部事尚書管右侍郎事霍　等
具題初五日奉
聖旨是有照的依擬用欽此内劉承胤有照抄捧
送司案呈到部擬合就行爲此除劄仰本官以
新官交代之日爲始定限　廿　日以[?]裡到任
外　一咨都察院　合咨
貴院煩爲轉行福建巡按御史照依本部題奉
欽依内事理行令本官依限到任不許延遲如或過
違照例參究施行
一咨福建巡撫　合咨前去煩照本部題奉
欽依内事理行令本官依限到任仍將到任日期同原奉
本部劄付并履歷緣繇呈報巡撫衙門繳部查考
如過限不到及不繳部劄定照近題事例參究施
行　一劄付劉承胤
初十
天啓七年八月　[花押]　日　太僕寺少卿管司事王登三
協理清冊郎中劉嘉遇

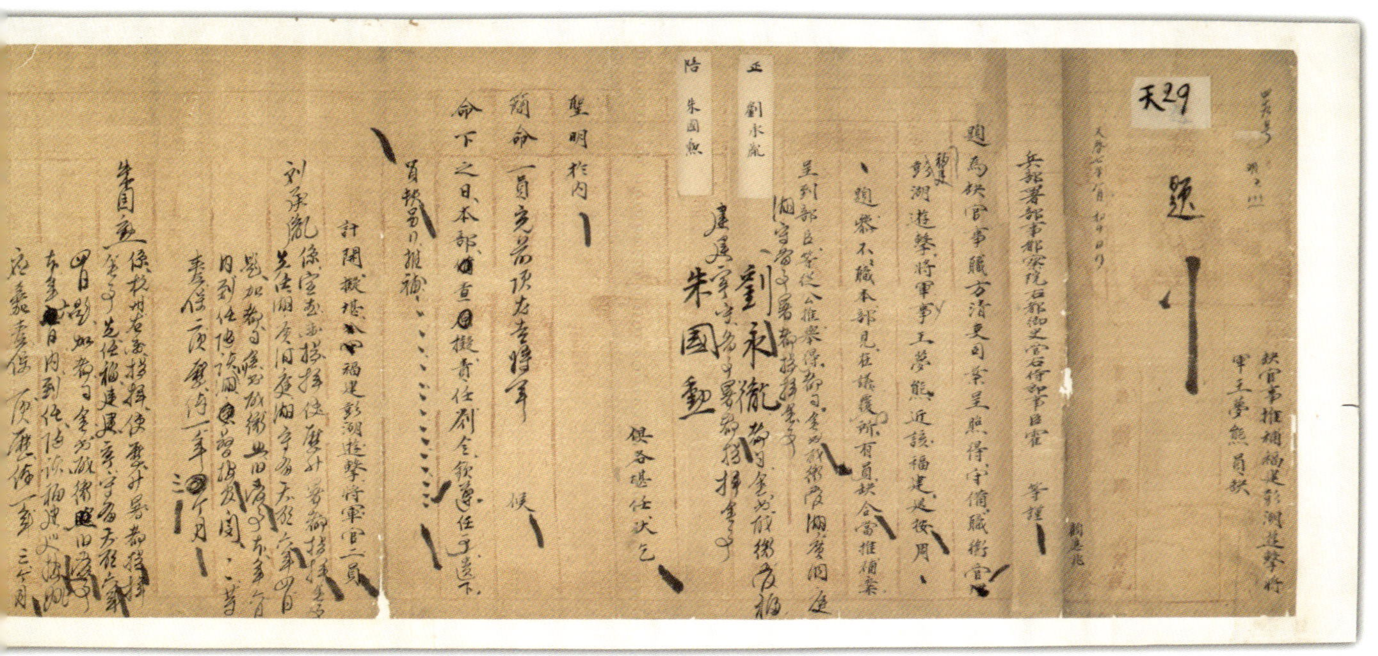

兵部右侍郎霍维华题行稿：

推举刘承胤补授福建澎湖游击员缺

天启七年七月二十七日（1627年9月6日）

◎ 妈宫城内的澎湖厅

補造兵船一百三十八隻續造大船三十三隻先募兵漳兵一
十六百名續募吉了松下東陽義烏等處兵三千二百一十八名
製造軍器除鉄砲蒺藜等小物外計鋭器等一萬四千零四
千零七十三件火藥四萬六千八百八十斤皆臣奮奮氣息忍死力
疾中瑒處措据不據朝以掃蕩報
動遣掣肘一切疆事為大將壞盡從前痼疾一旦突發雖龍
溪海澄同安等處所報擒斬頗多而潰敗相繼鄭芝龍以幺
麼哨聚縈徒荼毒一方罪在不貴臣亦知撫非長策更變
初心但漳泉連歲大祲海運道梗餓民日思從賊不得不
為解散之計日中左之役將已逃而城無主芝龍竟退而退者
意在求撫耳時總兵俞咨皐差官諭撫移會到臣臣
未之許既而諸鄉紳ＯＯＯＯ力主撫議公書公揭移臣不啻數四道府
詳票合口同詞而賊自有撫議即斂其衆不敢登岸者於今

准其投降給以劄付抑臣不敢恃撫而忘備更借撫以修捕
早夜校閱糧餉器械藥訓練士卒以俟新臣之至一面責令
芝龍將他賊擒剿自贖間忽報鍾六突犯崇武芝龍率衆
往剿值彰黨陳芝經謀為內應芝龍縛送路將正法而浯
嶼寨船已為鍾賊焚駕把總張一摹力戰失船自死臣見

時料理務保無虞外謹會同巡按福建大僕寺少卿仍管監
察御史事趙徹昌拜疏具題伏乞
勅下該部查覆施
行緣係云云謹題請
旨
崇禎元年六月初四日奉
聖旨該部知道

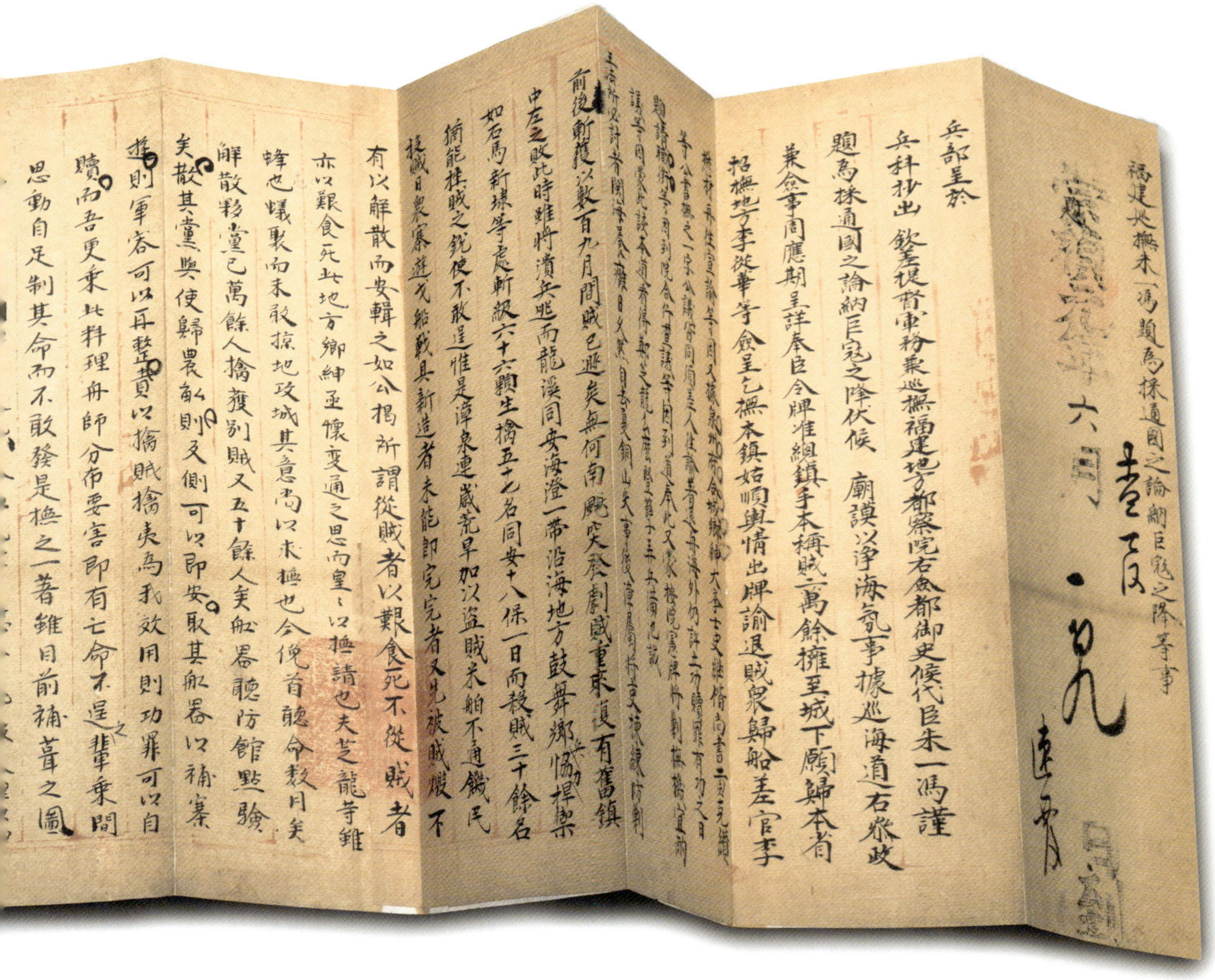

福建巡抚朱一冯题行稿：

郑芝龙自愿立功赎罪

崇祯元年六月初四日（1628年7月4日）

[illegible]

洪遂英爲津撫鄭宗周部將轉總都督孫應龍麾下監

英之役應龍敗績逮繫三津事白復與同撫張廷拱共事

未幾以兄飛黃平夷功授蔭錦衣衛千戶後中庚戌進士敘事

勳衛射策甲加二級進都指揮使授副總兵崇光徵營兼右

掛鎮海將軍印擊高傑張天祿功封靖西伯隆武初從國姓公

入海封靖西侯永曆進封太師定國公妣史氏楊氏俱封一品

夫人生男二庚辰科會試中式六十七名殿試中式三十七名奉

旨照例加陞三級授錦衣衛指揮同知

西亭　鄭芝豹字曰文號若唐崇禎間邑庠生加例入國子監太學生以

功欽授太子太師澄濟伯芝龍五弟

西亭　鄭芝鵬諱鳴郡字曰都號彝臣一號思萬一號儀周欽授太師昭明

侯芝虎兄

西亭　鄭芝莞諱鴻逵字曰羽號漢九以軍功欽命光祿大夫上柱國

太子太保錦衣衛堂上檢書管理侍事　賜坐蟒玉爲

軍都督府左都督

十一世

東甯 鄭希瑜 諱若為字懋敷號璞侯又號文遠任廣西河池州世及太平府崇善縣 篠英二子出嗣二弟

鄭亮績 諱若崗號賓修篠英從侄前乙酉以易經中式舉人附廣東羅定州東安縣籍

鄭芝龍 小名一官字曰甲號飛黃崇禎間以軍功授前軍都督以劉香改襲錦衣衛副千户旋漳州等處總兵官十二年荷蘭弘光封南安伯隆武封平西侯後進太師平虜公授識封同安侯先娶陳氏繼娶日本翁氏一品夫人後娶顔氏側室陳氏逆出李氏黃氏生男五先崇禎元年閩撫海防遊擊實授左都督子孫散處京都漢軍旗下以名為姓者衆

西亭 鄭芝虎 字曰蟠號蟠遠崇禎間以軍功欽授南日寨守備奉 旨追劉香至廣大星外洋舟覆没以衣冠招魂贈參將芝龍為總旗績奉 旨准贈鎮國將軍署都指揮同知子孫在原[illegible]

[illegible]二弟是芝鵠同追劉香如何[illegible]

◎ 郑氏谱系

王駕駐泉之日啓請

令諭遵照刻期備造以應征剿等因奉此移職啓請准此理

合

啓請

令諭施行須至啓者

順治拾貳年拾壹月　初玖　日總兵官馬得功

故宫博物院文献馆
箓字 341

啟

福建隨征中路總兵官左都督馬得功謹
啓爲緊急軍務事本月初柒日准福建廵視海道祖建衡移
前事内開本月初壹日奉總督佟部院批據本道呈詳議
造壹貳號船各拾隻以供濟人渡馬之需等緣由奉批仰
詳撫院批行繳奉此案照先准本職備移前事到道已經
通詳去後續准本職移稱據各澳海船匠頭公同揣議稱
海中風浪甚大壹號之船寬壹丈伍尺應長陸丈貳號船
寬壹丈叁尺應長伍丈等因到道轉詳間奉宣撫院批仰

福建中路总兵马得功启本：

福建军务紧急赶造船只以应征剿

顺治十二年十一月初九日（1655年12月6日）

◎ 中国海船图

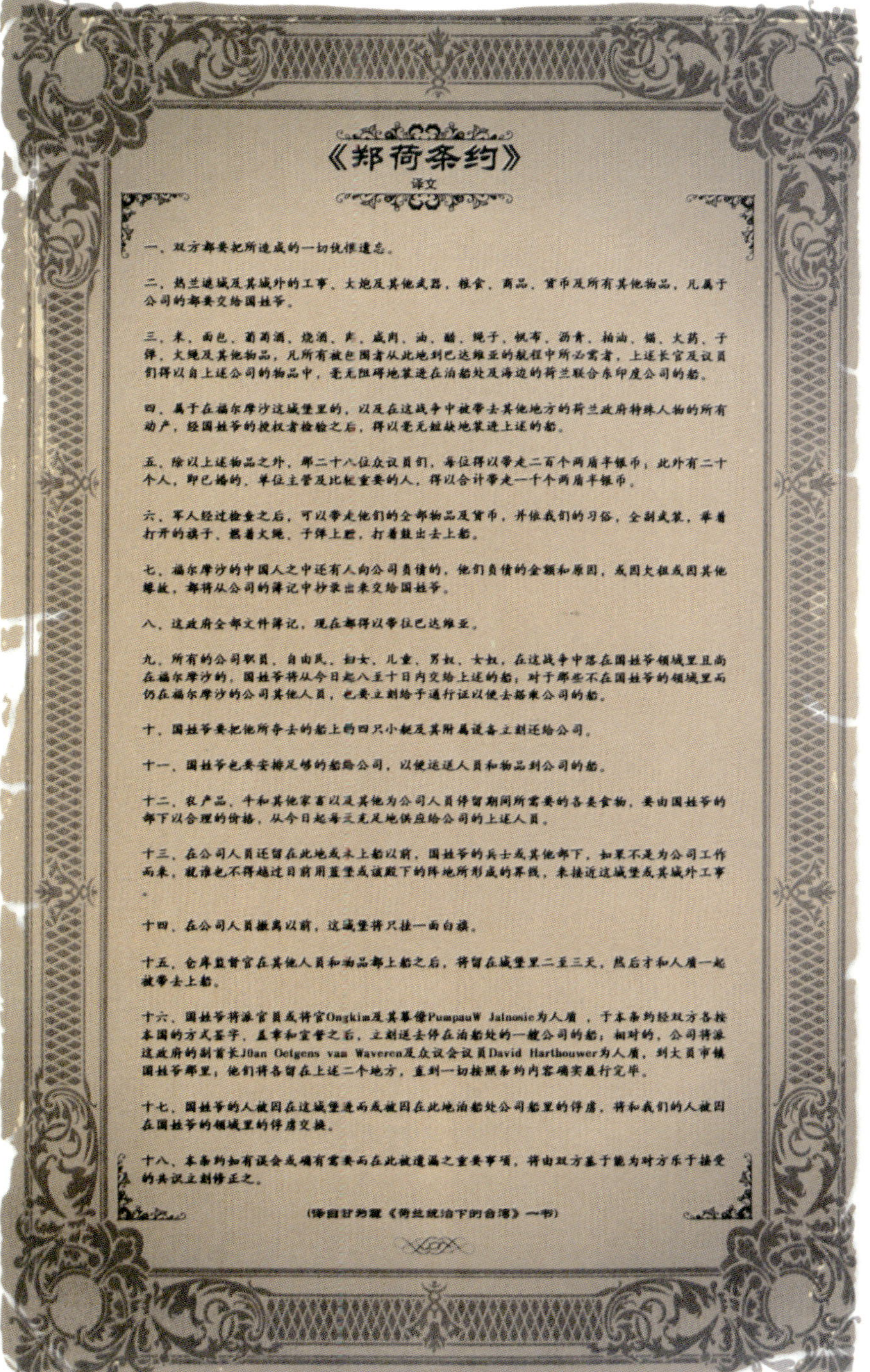

《郑荷条约》

译文

一、双方都要把所造成的一切仇恨遗忘。

二、热兰遮城及其城外的工事、大炮及其他武器、粮食、商品、货币及所有其他物品，凡属于公司的都要交给国姓爷。

三、米、面包、葡萄酒、烧酒、肉、咸肉、油、醋、绳子、帆布、沥青、柏油、锚、火药、子弹、火绳及其他物品，凡所有被包围者从此地到巴达维亚的航程中所必需者，上述长官及议员们得以自上述公司的物品中，毫无阻碍地装进在泊船处及海边的荷兰联合东印度公司的船。

四、属于在福尔摩沙这城堡里的，以及在这战争中被带去其他地方的荷兰政府特殊人物的所有动产，经国姓爷的授权者检验之后，得以毫无短缺地装进上述的船。

五、除以上述物品之外，那二十八位众议员们，每位得以带走二百个两盾半银币；此外有二十个人，即已婚的、单位主管及比较重要的人，得以合计带走一千个两盾半银币。

六、军人经过检查之后，可以带走他们的全部物品及货币，并依我们的习俗，全副武装，举着打开的旗子，燃着火绳，子弹上膛，打着鼓出去上船。

七、福尔摩沙的中国人之中还有人向公司负债的，他们负债的金额和原因，或因大租或因其他缘故，都将从公司的簿记中抄录出来交给国姓爷。

八、这政府全部文件簿记，现在都得以带往巴达维亚。

九、所有的公司职员、自由民、妇女、儿童、男奴、女奴，在这战争中落在国姓爷领域里且尚在福尔摩沙的，国姓爷将从今日起八至十日内交给上述的船；对于那些不在国姓爷的领域里而仍在福尔摩沙的公司其他人员，也要立刻给予通行证以便去搭乘公司的船。

十、国姓爷要把他所夺去的船上的四只小艇及其附属设备立刻还给公司。

十一、国姓爷也要安排足够的船给公司，以便运送人员和物品到公司的船。

十二、农产品、牛和其他家畜以及其他为公司人员停留期间所需要的各类食物，要由国姓爷的部下以合理的价格，从今日起每天充足地供应给公司的上述人员。

十三、在公司人员还留在此地或未上船以前，国姓爷的兵士或其他部下，如果不是为公司工作而来，就谁也不得越过目前用篮堡或该殿下的阵地所形成的界线，来接近这城堡或其城外工事。

十四、在公司人员撤离以前，这城堡将只挂一面白旗。

十五、仓库监督官在其他人员和物品都上船之后，将留在城堡里二至三天，然后才和人质一起被带去上船。

十六、国姓爷将派官员或将官Ongkim及其幕僚PumpauW Jalnosie为人质，于本条约经双方各按本国的方式签字、盖章和宣誓之后，立刻送去停在泊船处的一艘公司的船；相对的，公司将派这政府的副首长J0an Oetgens van Waveren及众议会议员David Harthouwer为人质，到大员市镇国姓爷那里，他们将各留在上述二个地方，直到一切按照条约内容确实履行完毕。

十七、国姓爷的人被囚在这城堡里而或被囚在此地泊船处公司船里的俘虏，将和我们的人被囚在国姓爷的领域里的俘虏交换。

十八、本条约如有误会或确有需要而在此被遗漏之重要事项，将由双方基于能为对方乐于接受的共识立刻修正之。

（译自甘为霖《荷兰统治下的台湾》一书）

◎ 郑荷协议中译本

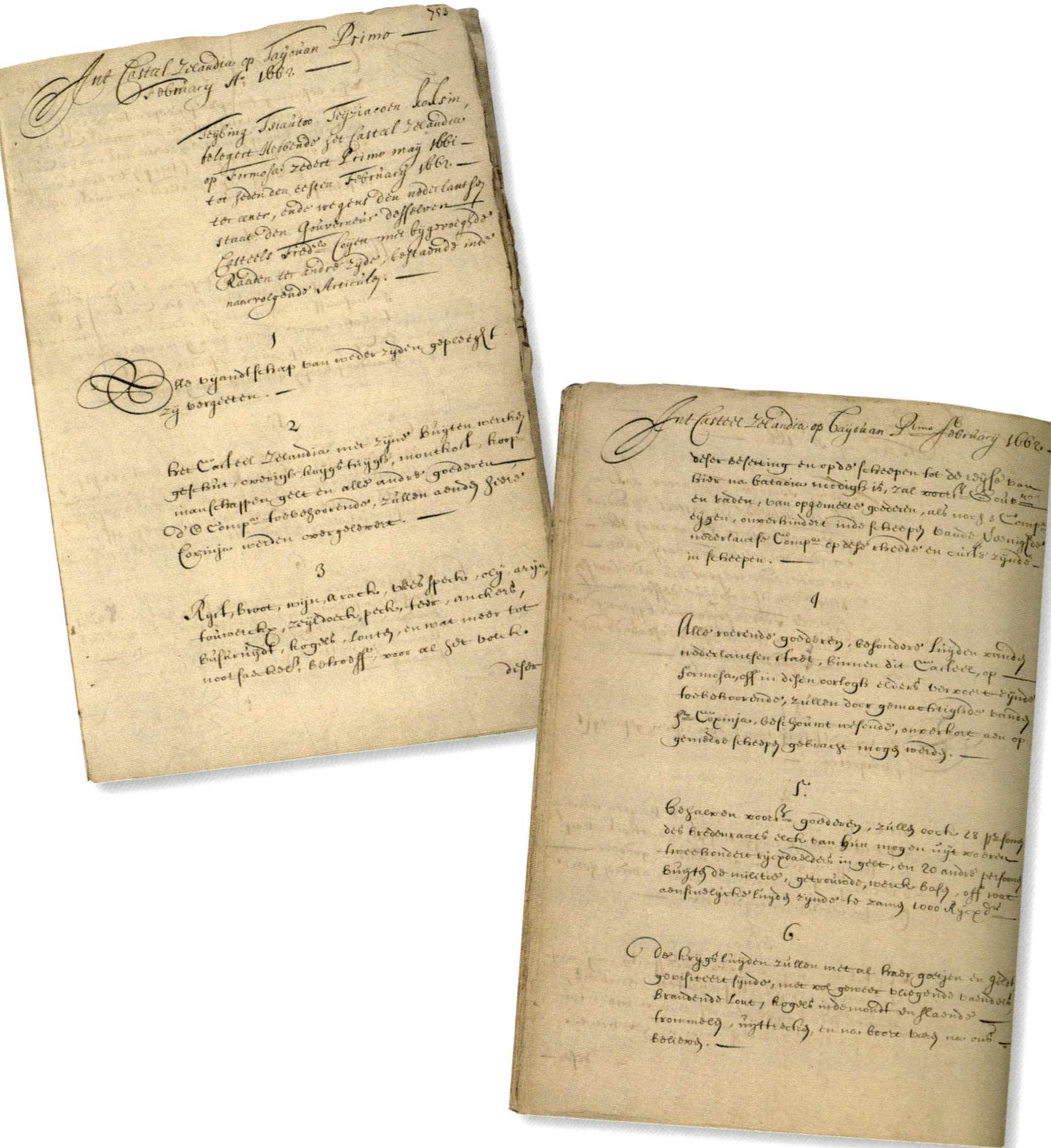

郑荷协议

顺治十八年十二月十三日（1662年2月1日）

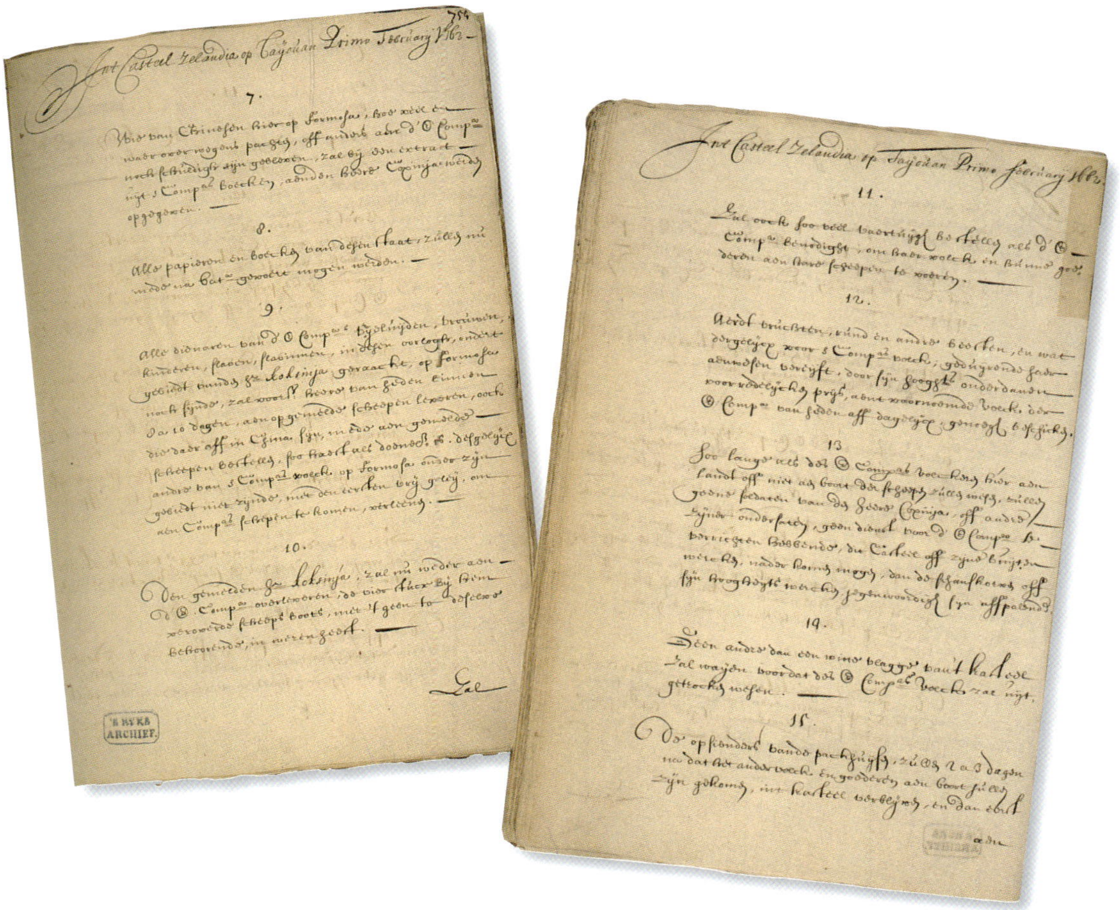
In't Casteel Zeelandia op Tayouan Primo February 1662
7.
8.
9.
10.
'S RYKS ARCHIEF
In't Casteel Zeelandia op Tayouan Primo February 1662
11.
12.
13
14.
15.

Int Casteel Zelandia op Tayouan Primo February 1662

16.

17

18

Int Casteel Zelandia op Tayouan 1^en^ Febr 1662.

◎ 郑成功的肖像

◎ 郑荷两军交火图

◎ 荷兰人向郑成功投降图

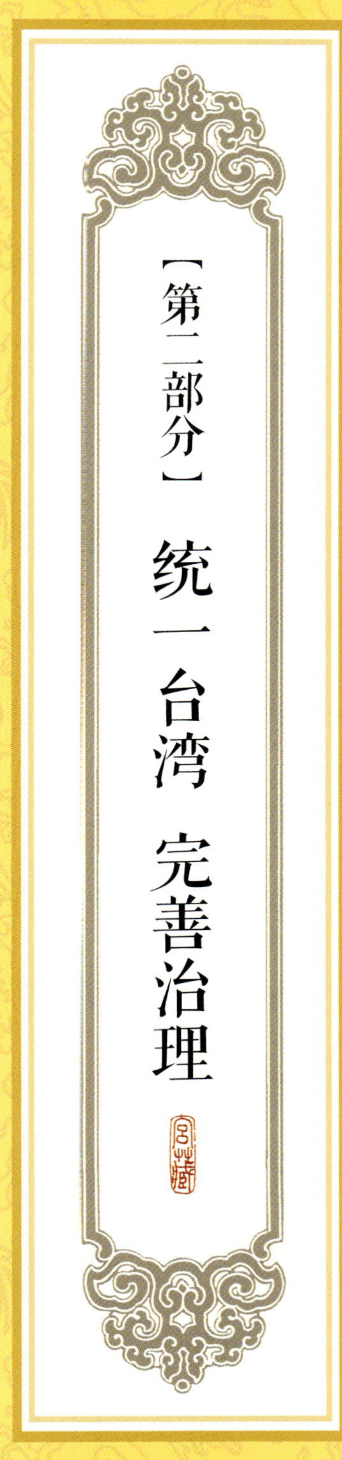

【第二部分】

统一台湾　完善治理

郑成功收复台湾后，将大陆的政治制度和文教制度移植到台湾，划定行政区域进行管理。

康熙二十年（1681年），康熙帝任命原郑成功部将施琅为福建水师提督，令其前往福建，克期统领舟师，进取澎湖、台湾。闽浙总督姚启圣则同施琅共同策划统一台湾的全部事务，并负责攻台的后勤保障事务。康熙二十二年（1683年），施琅率军攻入台湾，郑氏集团率众降清。台湾重归中央政权管辖，实现了与大陆的统一。为此，康熙皇帝欣然赋诗言志，诗曰："万里扶桑早挂弓，水犀军指岛门空。来庭岂为修文德，柔远初非赎武功。牙帐受降秋色外，羽林奏捷月明中。海隅久念苍生困，耕凿从今九壤同。"

清廷统一台湾后，施琅力排众议，上了一封《恭陈台湾弃留疏》，详述台湾与东南海防的重要关系，主张经营台湾。清政府最终接受了施琅的意见。次年，清廷在台地设官治理，设立台湾府，隶属福建省，下辖台湾、凤山和诸罗三县，并调福建漳州府知府蒋毓英为台湾府首任知府。乾隆年间《鹭江志》所收《九闽赋》中的"迨乎台湾入籍，益一而九。同为我疆，福州为首"之语，就记录了当初福建的行政设置从八府到九府的变化。在台湾设府初期，清廷即授权福建巡抚从福建调派官员到台湾补缺。据《清实录》记载，康熙二十七年（1688年）九月二十四日，“命台湾文职员缺，准该抚于闽省见任官内拣选调补”。由于清代台湾各级、各地衙门里几乎都有福州人担任教职或幕友，以至于有“无福不成衙”之谚流传于台湾民间。

后来，随着台湾人口的增加和台中盆地及彰化平原的开发，清政府不断扩大与完善台湾的行政机构。雍正元年（1723年），在原来诸罗县内增设彰化县和淡水厅。雍正五年（1727年），将分巡台厦道分为二道，兴泉永道驻厦门，台湾道专统台湾和澎湖，并新设澎湖厅。乾隆五十二年（1787年），诸罗县改为嘉义县。到嘉庆十七年（1812年），随着噶玛兰的开发，增设噶玛兰厅。至此，台湾行政机构已形成一府四县三厅的局面。

清朝在台湾地区设立的行政机构，分为文武两个系统。文官系统由道员、知府、知县等组成。台湾道是最高行政长官，正四品。武官系统设有总兵、副将、参将、游击、都司、守备、千总、把总等职。镇总兵为台湾最高的军事长官，正二品，归福建水师提督指挥。

請大兵百艘會同夾擊賊滅亡可期矣如果臣言非
謬卽乞
敕部議覆施行為此密題請
旨

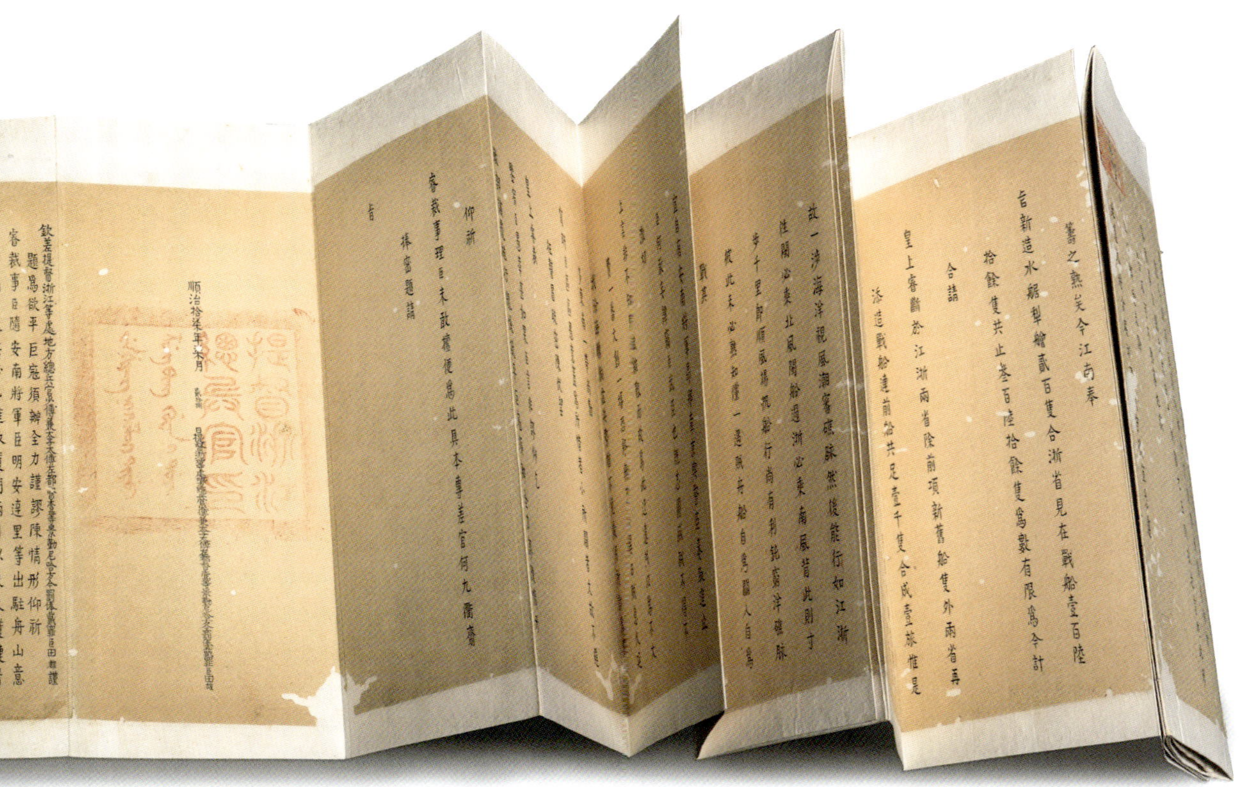

浙江提督田雄题本：

请敕江浙闽粤各造大船夹攻郑军

顺治十七年七月二十八日（1660年9月2日）

◎ 清军征剿台湾战船模型图

自為字起至齋字止計肆伯玖拾壹字繳壹張

福建招抚总兵官都督同知孔元章奏本：

台湾愿称臣纳贡

康熙六年十一月十六日（1667年12月30日）

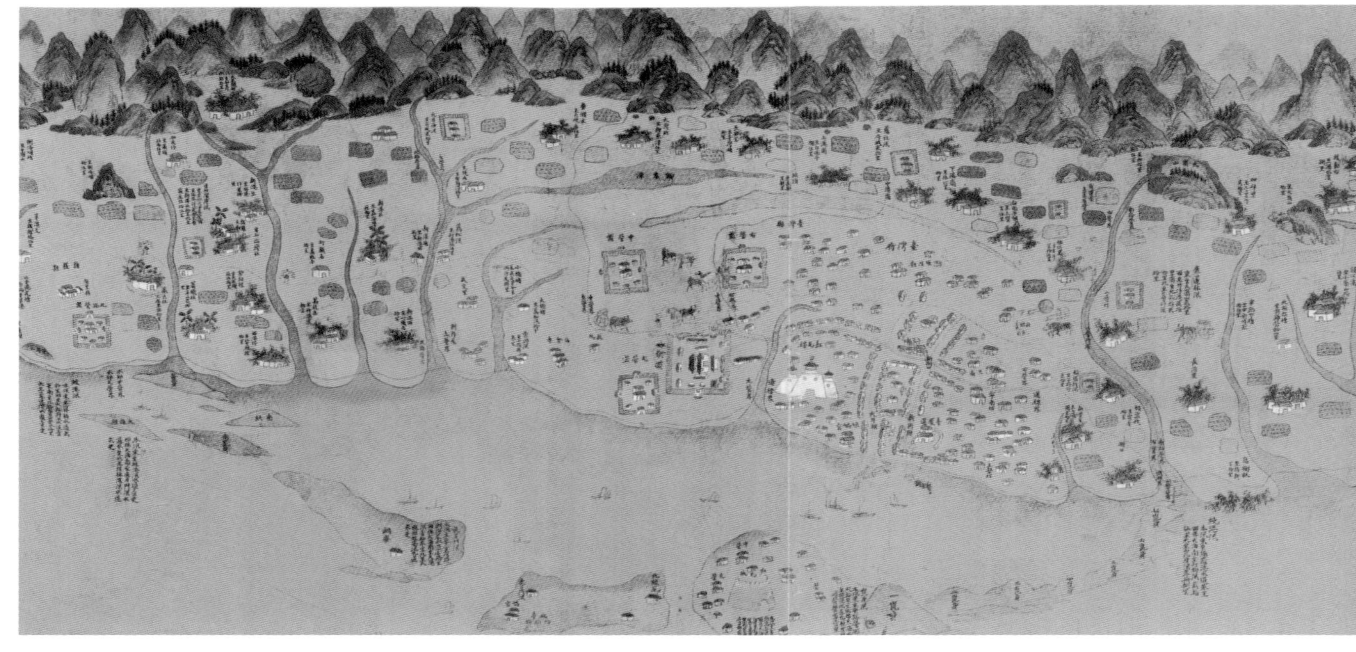

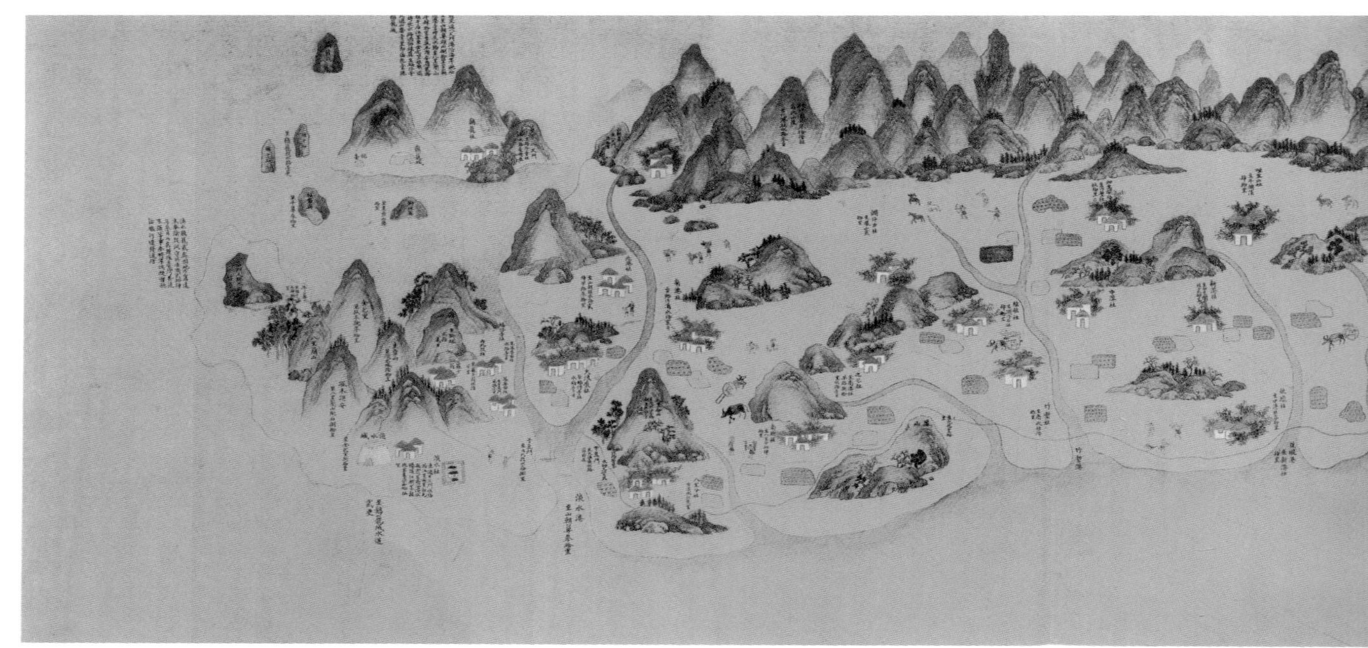

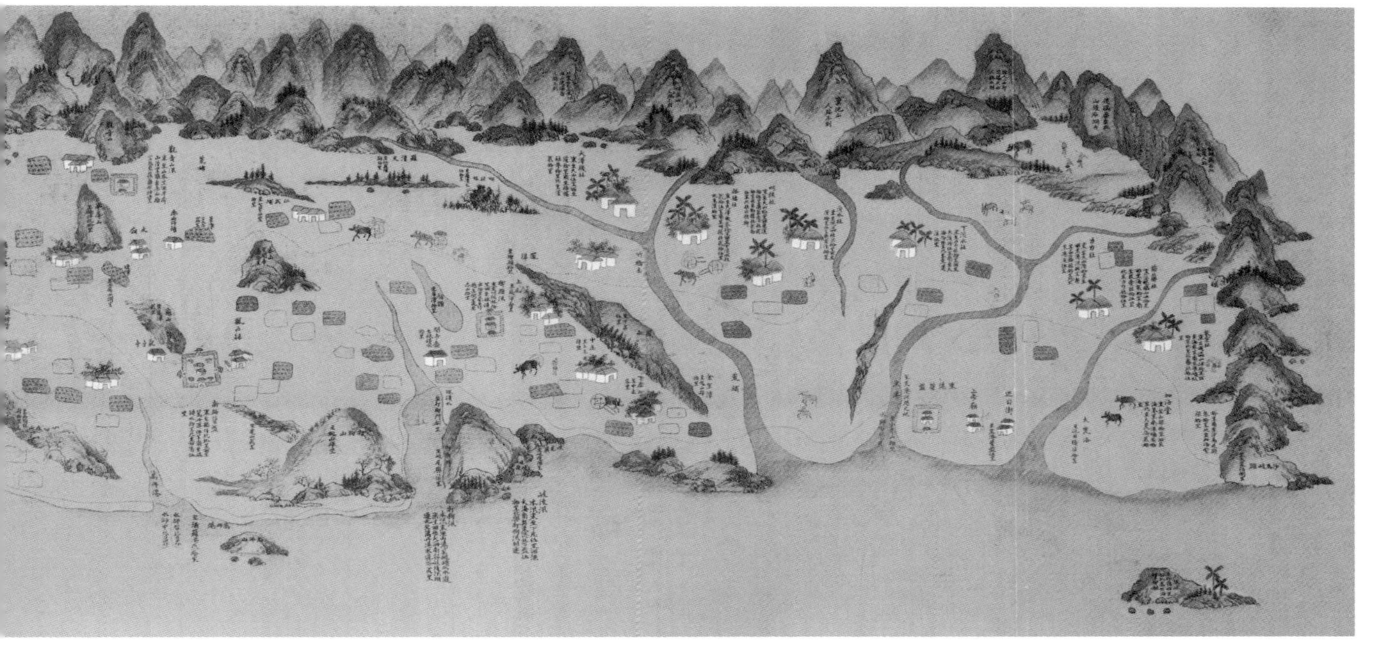

◎ 康熙年间台湾舆图

起居注官嚴我斯阿山

初四日丁丑辰時

上御乾清門聽部院各衙門官員面奏政事畢部

院官員出大學士學士隨捧折本面奏請

旨為福建水師提督施琅奏請自行進勦臺灣事

上曰進勦臺灣事宜關係甚重如有機會斷不可

失必當度勢乘機即圖進勦這所奏着議政王

大臣會議具奏又大學士等奏曰臣等遵

諭同三法司會議強盜皆係刼掠良善為惡之徒

如不寘之重典則匪類無所畏懼欲求澄清

本源之道又無良策惟厚其風俗崇尚節儉

庶幾盜風可息

上曰強盜罪案關係人命爾等會同九卿務求寧

息盜賊以安良民之處詳議具奏未時

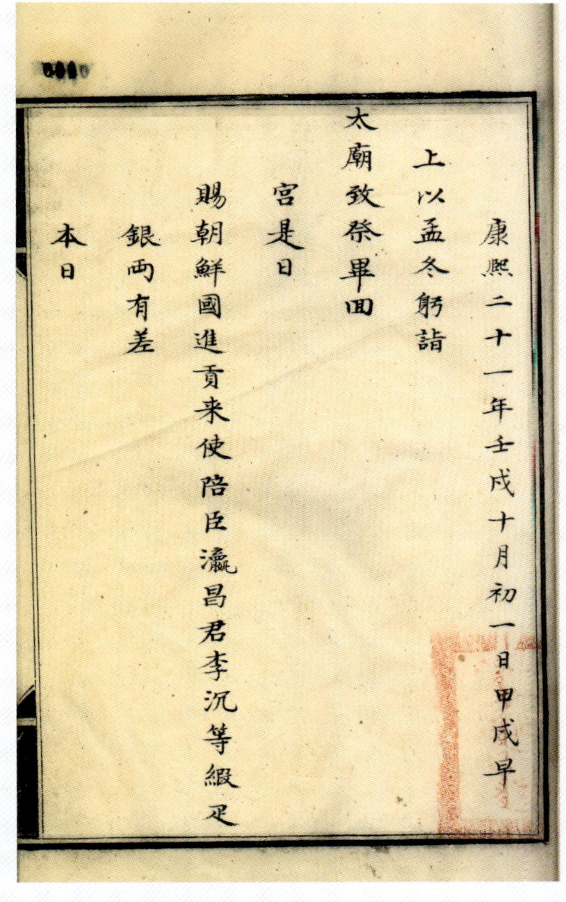

康熙二十一年壬戌十月初一日甲戌早
上以孟冬躬詣
太廟致祭畢回
宮是日
賜朝鮮國進貢来使陪臣瀛昌君李沉等緞疋
銀两有差
本日

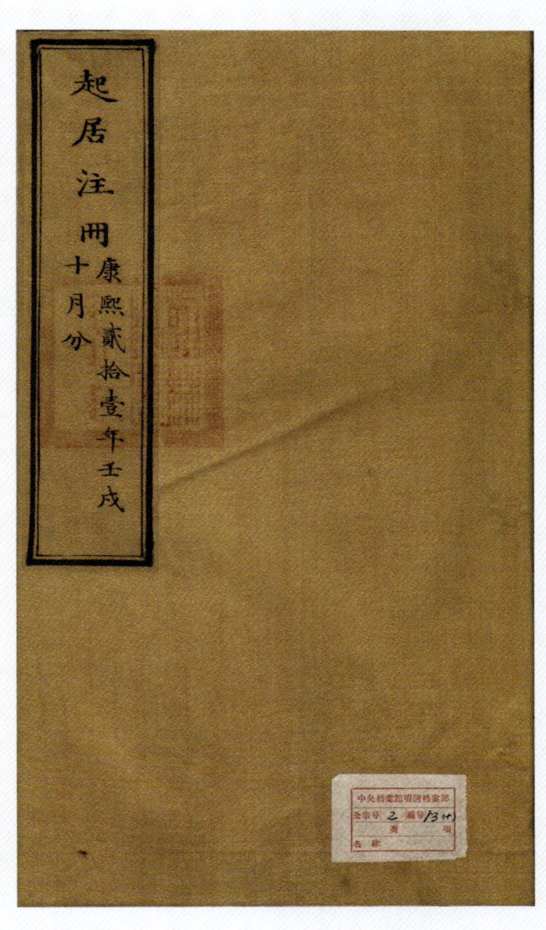

起居注册
康熙貳拾壹年壬戌
十月分

康熙皇帝谕旨：

着议政王大臣会议施琅自请进剿台湾

康熙二十一年十月初四日（1682年11月2日）

◎ 施琅像

◎ 福建惠安黄塘施琅墓

013

通判陳瀛題請實授吏部議覆不准行事
上曰此事着照施琅所請行目今進取臺灣正在
用人之際福建總督提督巡撫凡有所請俱着
允行朕此旨爾衙門識之如遇此等事即擬准
行票簽來奏切勿遺漏又施琅奏報海賊鄭克塽
進投誠表章事
上曰此事為何擬票兵部知道佛倫奏曰鄭克塽

014

雖云投誠並未言及剃頭登岸施琅已取澎
湖臺灣不久可得彼意亦不願招撫故如此
擬票
上曰此本可即如此批發今天下已盡蕩平所餘
若海上一區耳目下澎湖既得正在攻取臺灣
之時凡所需錢糧等物刻難遲悞應遣在京大
臣一員或司官一員將福建不拘何項錢糧令

015

其隨宜給發前進取雲南官員俱加一級兵丁
盡加恩賞今福建官兵亦宜照此例恩賞以示
鼓勵仍應特頒上傳可將朕意傳與爾衙門大
學士等知之是日
上駐蹕軒流河邊
初八日丁丑
上駐蹕噶拜谷口

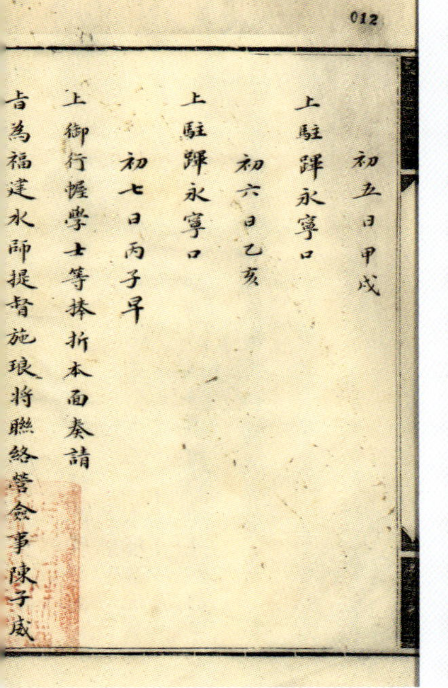

初五日甲戌
上駐蹕永寧口
初六日乙亥
上駐蹕永寧口
初七日丙子早
上御行幄學士等捧折本面奏請
旨為福建水師提督施琅將聯絡營僉事陳子威

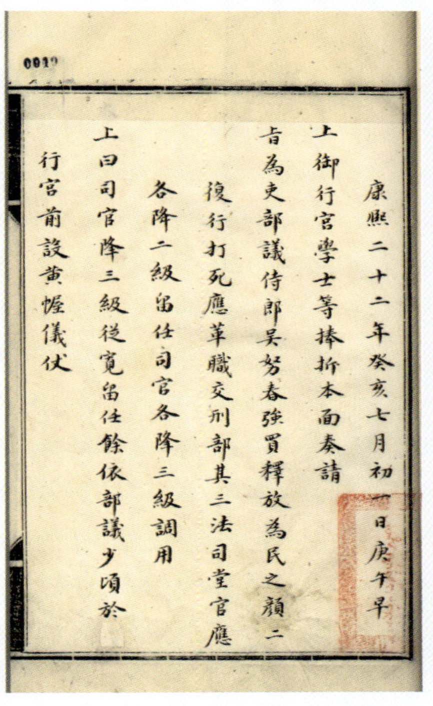

康熙二十二年癸亥七月初七日庚午早
上御行宫學士等捧折本面奏請
旨為吏部議侍郎吳努春強買釋放為民之顏二
復行打死應革職交刑部其三法司堂官應
各降二級留任司官各降三級調用
上曰司官降三級從寬留任餘依部議少頃於
行宫前設黄幄儀仗

起居注册
康熙二十二年癸亥
七月分

康熙皇帝谕旨：

攻取台湾所需钱粮着由福建随宜给发

康熙二十二年七月初七日（1683年8月28日）

◎ 福州闽安镇协台衙门

士學士以折本請
旨福建提督施琅請於臺灣設總兵官一員副將

031

一員叅將二員兵八千澎湖設副將一員兵
二千鎮守其地議政王貝勒大臣九卿詹事
科道會議准行
上顧淡大學士等曰爾等之意若何李霨王熙奏
曰據施琅奏內稱臺灣有地數千里人民十
萬則其地甚要棄之必為外國所踞姦宄之
徒竄匿其中亦未可料臣等以為守之便
上曰臺灣棄取所關甚大鎮守之官三年一易亦

032

非至當之策若徙其人民又恐致失所棄而不
守尤為不可爾等可會同議政王貝勒大臣九
卿詹事科道再行確議具奏又會議將海寇鄭
克塽等遣送來京
上曰鄭克塽等不必令其來京似應安插直隸河
南等處又

皇太后宫問安

本日

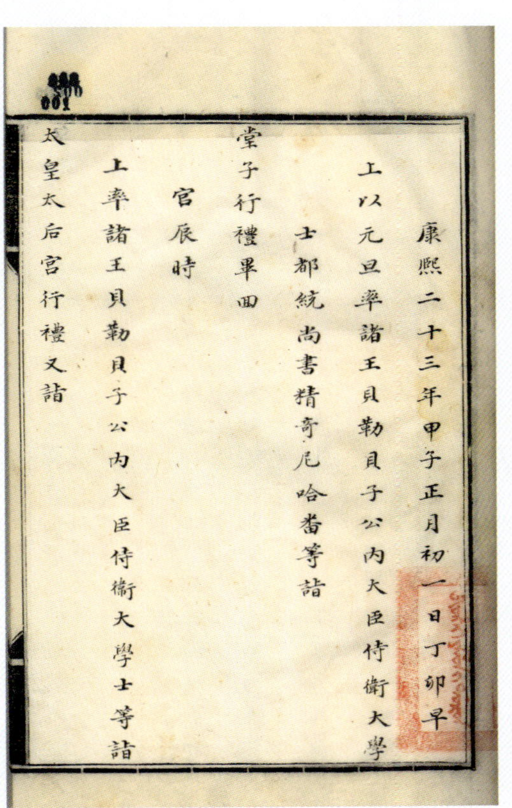

康熙二十三年甲子正月初一日丁卯早

上以元旦率諸王貝勒貝子公內大臣侍衛大學士都統尚書精奇尼哈番等詣

堂子行禮畢回

宫辰時

上率諸王貝勒貝子公內大臣侍衛大學士等詣

太皇太后宫行禮又詣

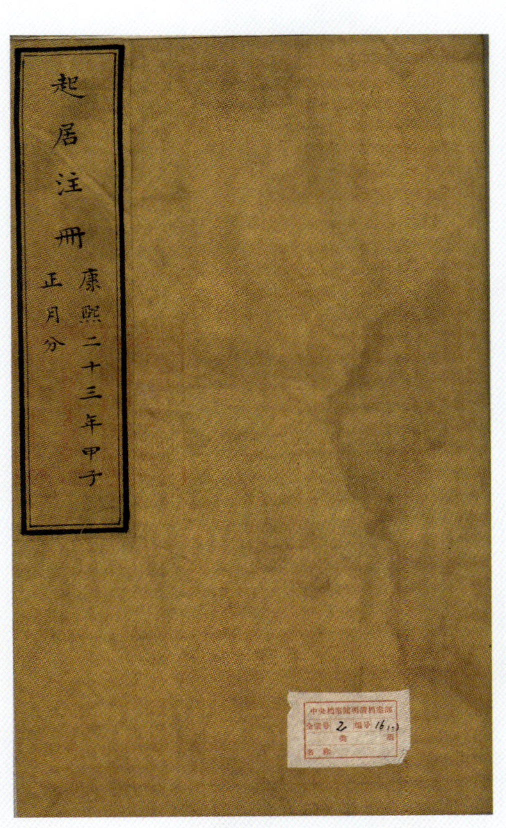

起居注冊

康熙二十三年甲子

正月分

康熙皇帝谕旨：

着再行确议台湾弃守事

康熙二十三年正月二十一日（1684年3月6日）

◎ 康熙二十三年（1684年）台湾府三县图

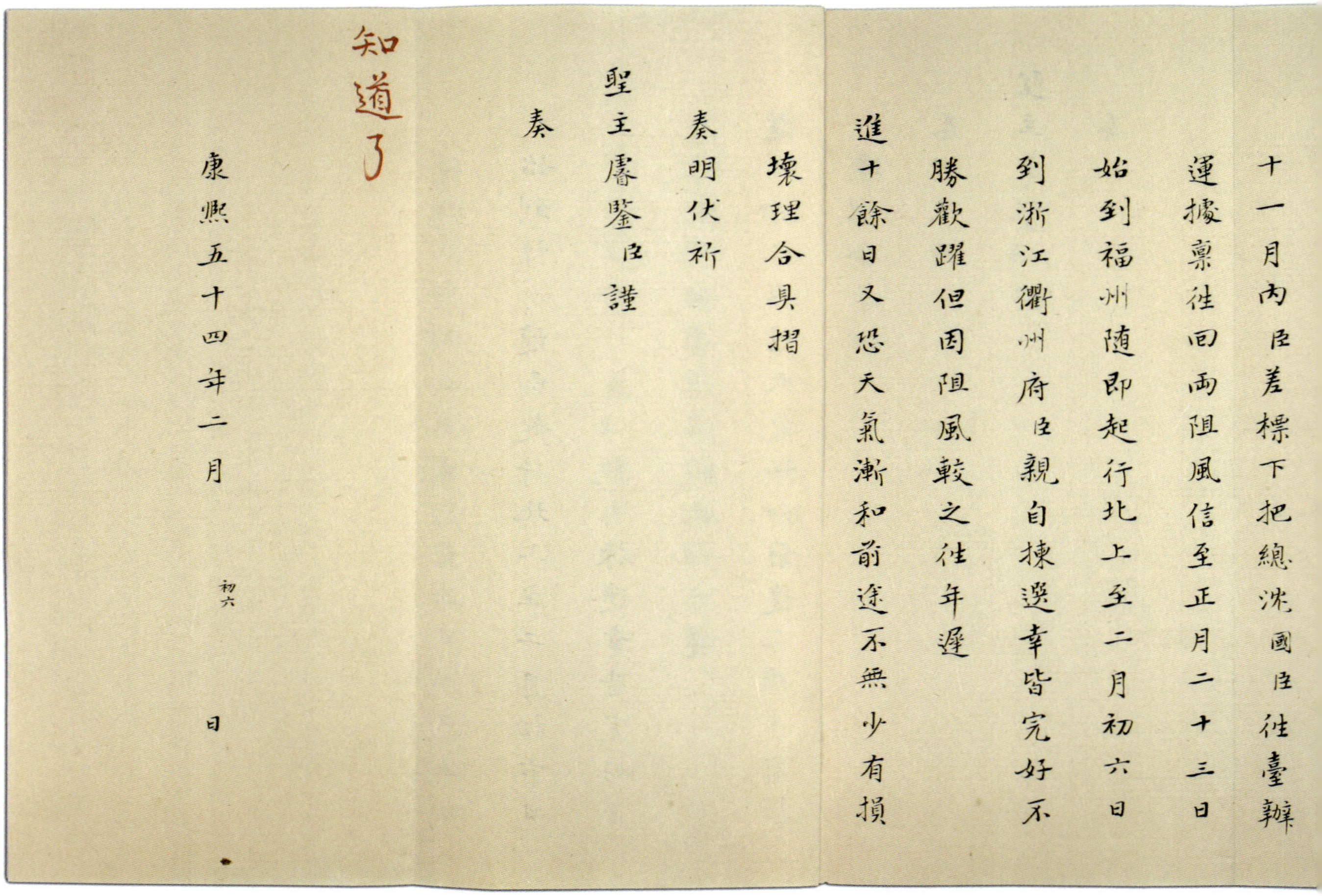

十一月內臣差標下把總洗國臣往臺辦
運據稟往回兩阻風信至正月二十三日
始到福州隨即起行北上至二月初六日
到浙江衢州府臣親自揀選幸皆完好不
勝歡躍但因阻風較之往年遲
進十餘日又恐天氣漸和前途不無少有損
壞理合具摺
奏明伏祈
聖主睿鑒臣謹
奏
康熙五十四年二月初六日

知道了

闽浙总督范时崇奏折：

台湾进贡西瓜已从福州起运进京

康熙五十四年二月初六日（1715年3月11日）

奏

福建浙江總督臣范時崇為

奏明事臣查臺灣所產西瓜于十二月成熟

◎ 乾隆番社采风图

當凜遵
聖訓回答撫臣去後臣伏睹
皇上聖照所及至遠至大開臣等之愚蒙兼無
疆之
德澤非臣等所能仰窺於萬一者也獨是臣以
至庸之才毫無知識而蒙
御批會同商酌實
聖主賞臣臉面之榮不禁感
恩而繼之以悚惕也爲此具摺覆
旨並謝
天恩臣謹
奏

知道了

康熙五十四年五月　十　日

奏

福建浙江總督臣范時崇謹

奏為覆

旨並謝

天恩事竊臣在浙江衢州府離閩稍遠于三月

內接福建撫臣滿保来信內開以臺灣應

否開荒具摺請

旨蒙

皇上批示臺灣地方多開田地多聚人民不過

目前之計而已將来福建無窮之害俱從此

生爾等會同細商毋得輕率欽此臣仰欽

皇上睿見甚遠不顧目前之小計圖萬世之安

全當凜遵

聖訓回答撫臣去後四月內又接撫臣滿保来

信內開以閩省丁糧就田勻徵具摺請

旨蒙

皇上批示地丁兩項各省一例若將丁糧歸入

闽浙总督范时崇奏折：

遵旨与福建巡抚满保等会商台湾开田聚民等事

康熙五十四年五月十一日（1715年6月12日）

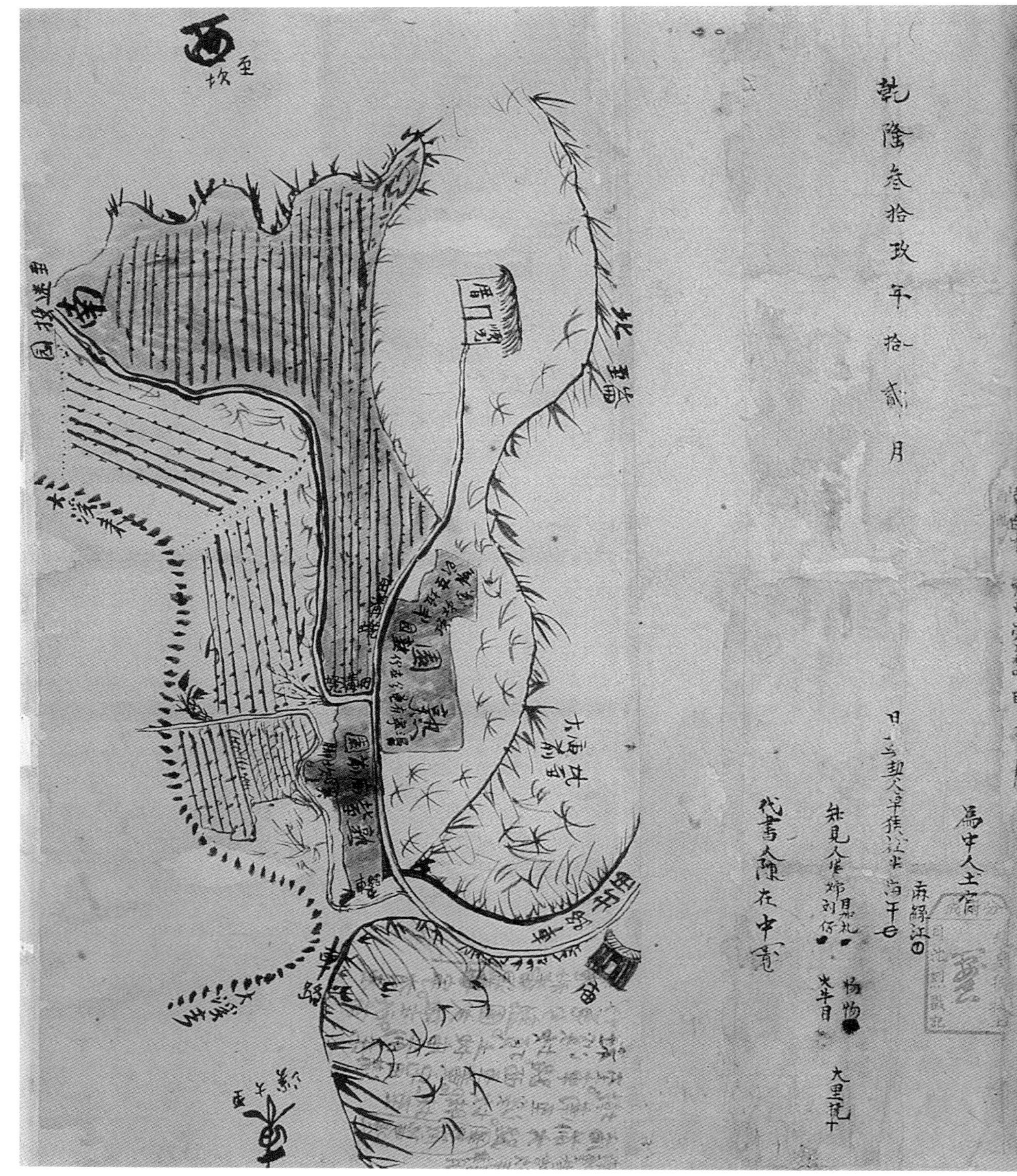
乾隆叁拾玖年拾貳月
爲中人土官
代書人陳在中

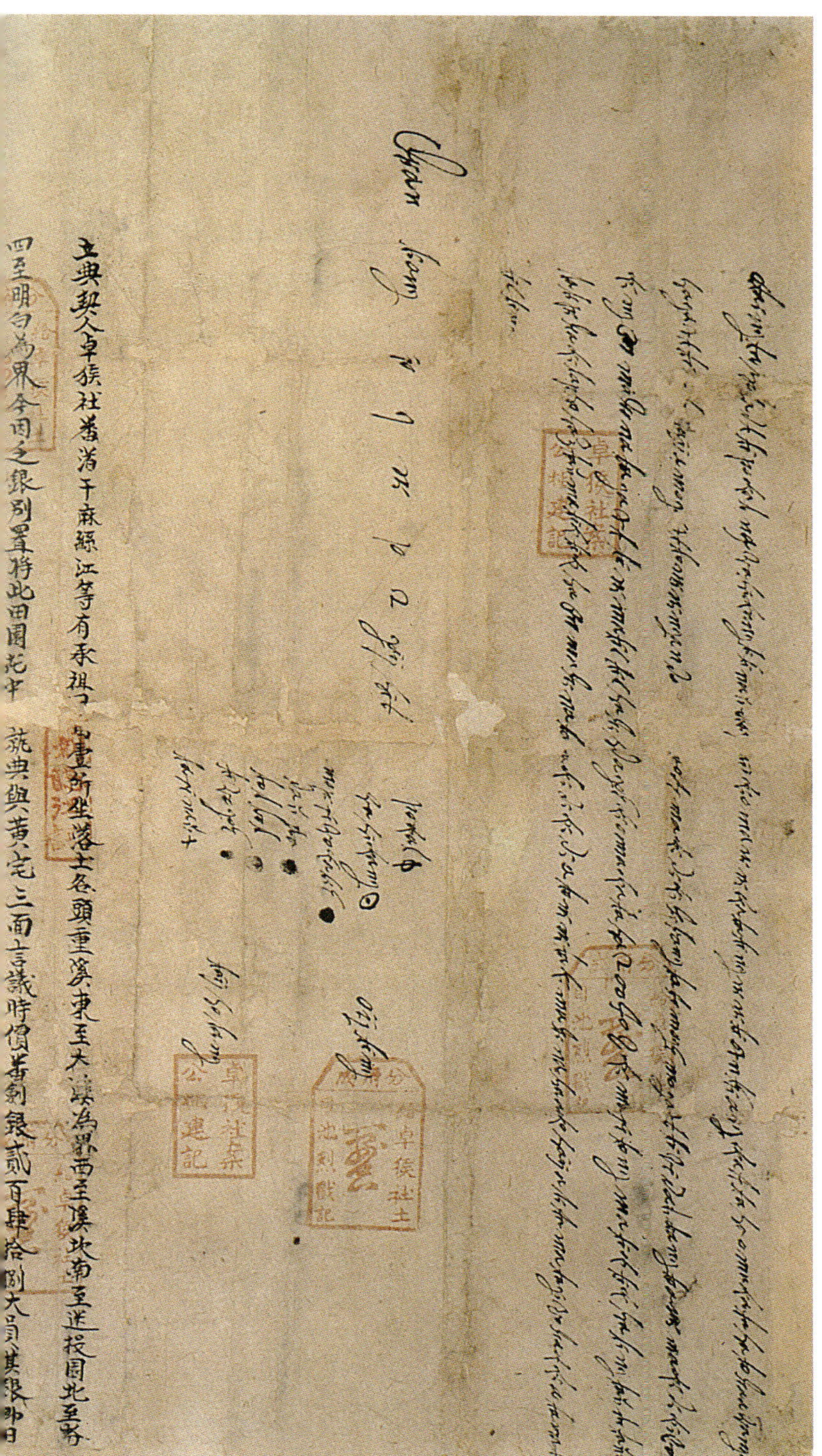

立典契人卓猴社蕃潘千麻緣江等有承祖[illegible][illegible]壹所坐落土名頭重溪東至大溪為界西至溪坎南至逆桜園北至寮

四至明白為界今因乏銀別置將此田園托中 就典與黃宅三面言議時價番劍銀貳百肆拾圓大員 其銀即日

◎ 乾隆三十九年（1774年）汉人与台南卓猴社西拉雅人的土地契约书

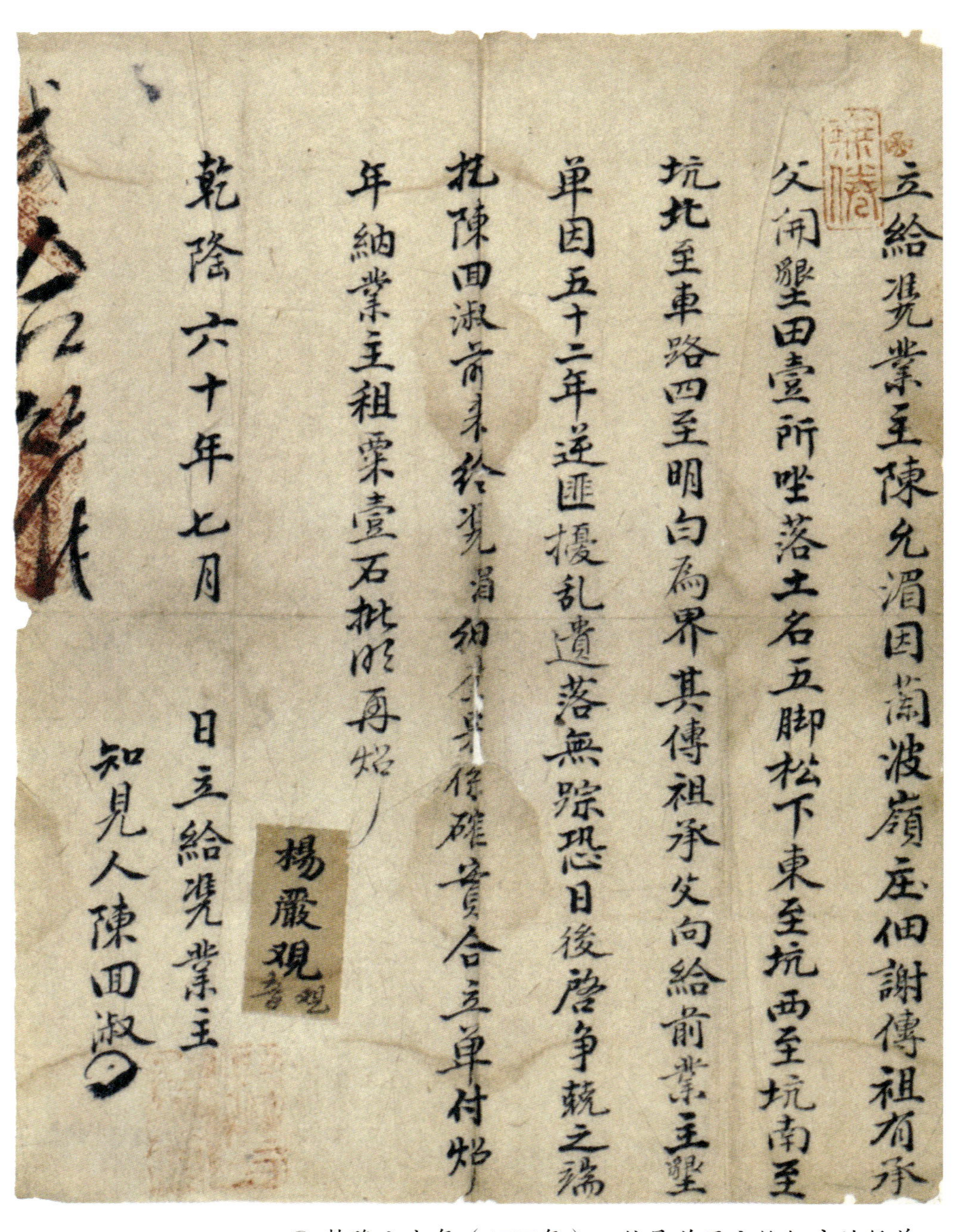
立給凭業主陳允湄因蘭波嶺庄佃謝傳祖有承
父開墾田壹所坐落土名五脚松下東至坑西至坑南至
坑北至車路四至明白為界其傳祖承父向給前業主墾
單因五十二年逆匪擾乱遺落無踪恐日後啓争競之端
托陳田淑前來給凭湄細查果係確實合立單付炤
年納業主租粟壹石批照再炤
乾隆六十年七月　日立給凭業主
楊嚴觀
知見人陳田淑

◎ 乾隆六十年（1795年）一位垦首开立给佃户的凭单

◎ 康熙皇帝像

何能為諭旨到時即將困迫情由訴明改惡歸正仍皆朕之赤子可罪之有朕知此事非爾等本願必有不得已苦情意謂與其坐以待斃不如苟且偷生因而肆行擄掠原其致此之罪俱在不肖官員爾衆民情實可矜也爾等俱係朕歷年豢養良民朕不忍勦除故暫停進兵若總督提督總兵官統領大兵前往圍勦爾等安能支持此旨一到諒必就撫不得執迷不悟妄自取死特諭

康熙六十年六月初三日

諭臺灣衆民

諭臺灣衆民據督臣滿保等所奏并伊等進摺家人所言臺灣百姓似有變動又奏稱滿保于五月初十日領兵起程等語朕思爾等俱係内地之民非賊冦可比或爲饑寒所迫或因不肖官員刻剝遂致一二匪類倡誘衆人殺害官兵情知罪不能免乃妄行强拒其實與衆何涉今若遽行征勦朕心大有不忍故諭總督滿保令其暫停進兵爾等若即就撫俱赦爾罪若執迷不悟則遣大兵圍勦俱成灰燼矣臺灣係海島彈丸之地四面米俱不能到本地所産不敷所食祗

康熙皇帝朱谕：

若台湾民人就抚着尽赦其罪

康熙六十年六月初三日（1721年6月27日）

無異除結送部外謹會題請

旨雍正元年正月二十六日題二月二十九日奉

旨吏部議奏

福建巡抚黄国材题本：

请补授台湾凤山县知县

雍正元年正月二十六日（1723年3月2日）

巡撫福建等處地方提督軍務都察院右僉都御史紀錄
拾柒次臣黃國材謹

題為臺灣文職員缺等事該臣看得台湾文職官員缺出例
於閩省內地官員內遴擇調補今鳳山縣令蕭樹畹在任
病故經前署巡撫事務江西按察使臣石文焯會

題在案所遺員缺應照例調補今據布政使沙木哈會詳於
通省知縣內細加遴擇有漳平縣令蕭震浦城縣令徐球
二員居官明敏廉能素着熟悉風土均堪調補以前俱經
保調台湾因有參罰部議未准今欽奉康熙六十一年十
一月二十日

恩詔內開凡文武官員現在議降議罰及住俸戴罪者盡與豁
免欽此蕭震徐球雖有因公罣悞之案似應邀

恩豁免應請將此二員內遴選一員調補倘二員降罰之案不
應援免查此外人員或因到任未久或人地不甚相宜未

觀音山
生仙坑
土庫仔
土地公崎
大坑内
新路崎
龍目井
冬瓜寮
無水寮
板壁橋
觀音山大庄
大社
阿猴林
三腳寮
大崎
大坪頂
鳳山厝
土庫社
仁武庄
楠仔坑
竹仔門
草潭
半屏山
後勁社
左營社
右衝
赤嵌
塔仔腳
萬丹港
砲臺
城隍廟
打狗山
蛇山
西門
砲臺
參將署
鳳山縣署
南門
砲臺
內圍社
岐後山
鹽埕

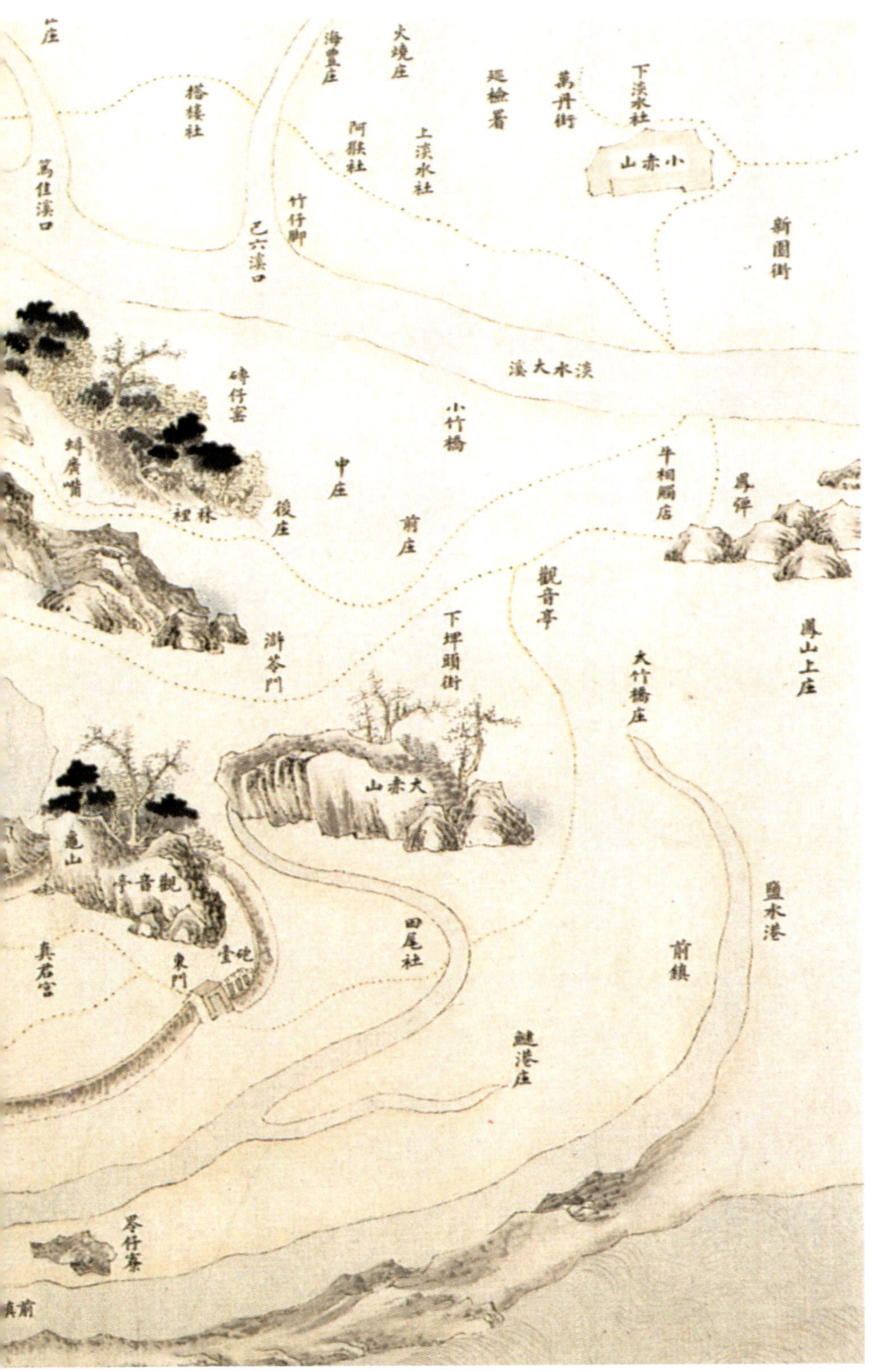

搭樓社
海豐庄
萬丹街
下淡水社
小赤山
阿猴社
上淡水社
竹仔腳
新園街
淡水大溪
磚仔窰
小竹橋
中庄
牛相觸店
後庄
前庄
林裡
觀音亭
下埤頭街
大竹橋庄
鳳山上庄
大赤山
龜山
觀音亭
田尾社
鹽水港
前鎮
真君宮
東門
砲臺

◎ 雍正年间凤山县城图

◎ 凤山县旧城东门

巡视台湾监察御史吴达礼等奏折：

请于台湾诸罗县北增设一县治

雍正元年五月二十日（1723年6月22日）

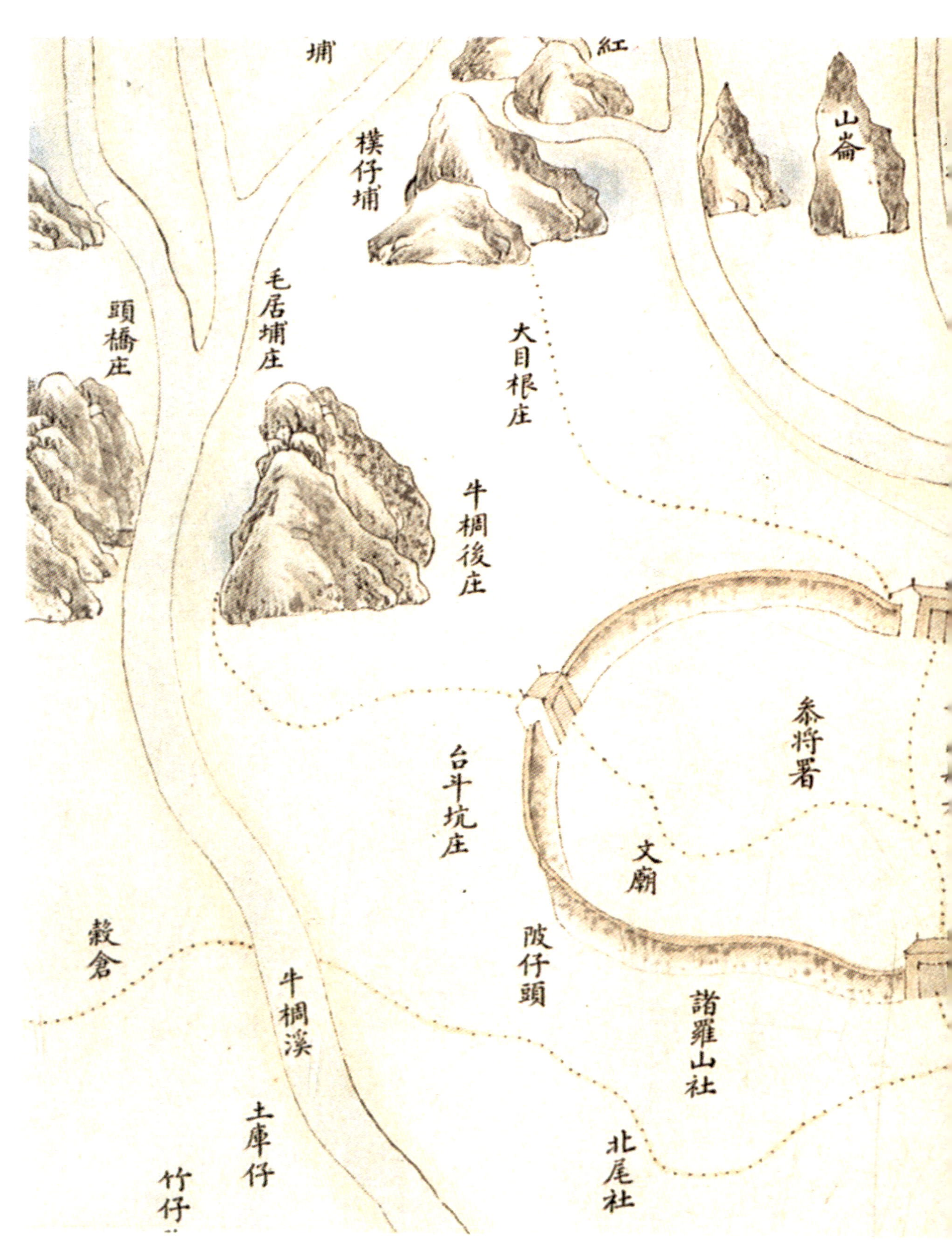

埔
紅
樸仔埔
山崙
頭橋庄
毛居埔庄
大目根庄
牛椆後庄
叅将署
台斗坑庄
文廟
穀倉
陂仔頭
牛椆溪
諸羅山社
土庫仔
北尾社
竹仔

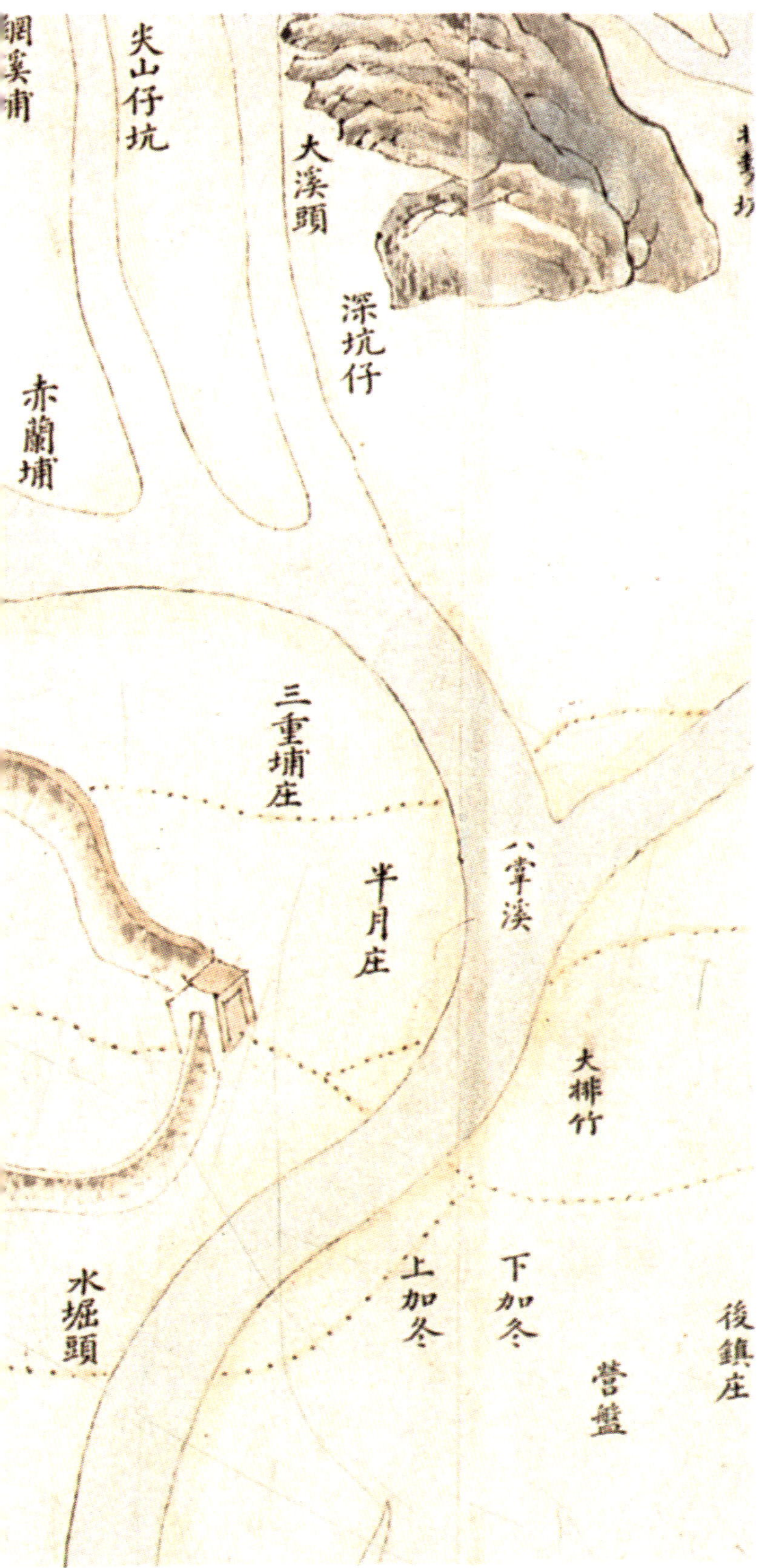

◎ 雍正年间诸罗县城图

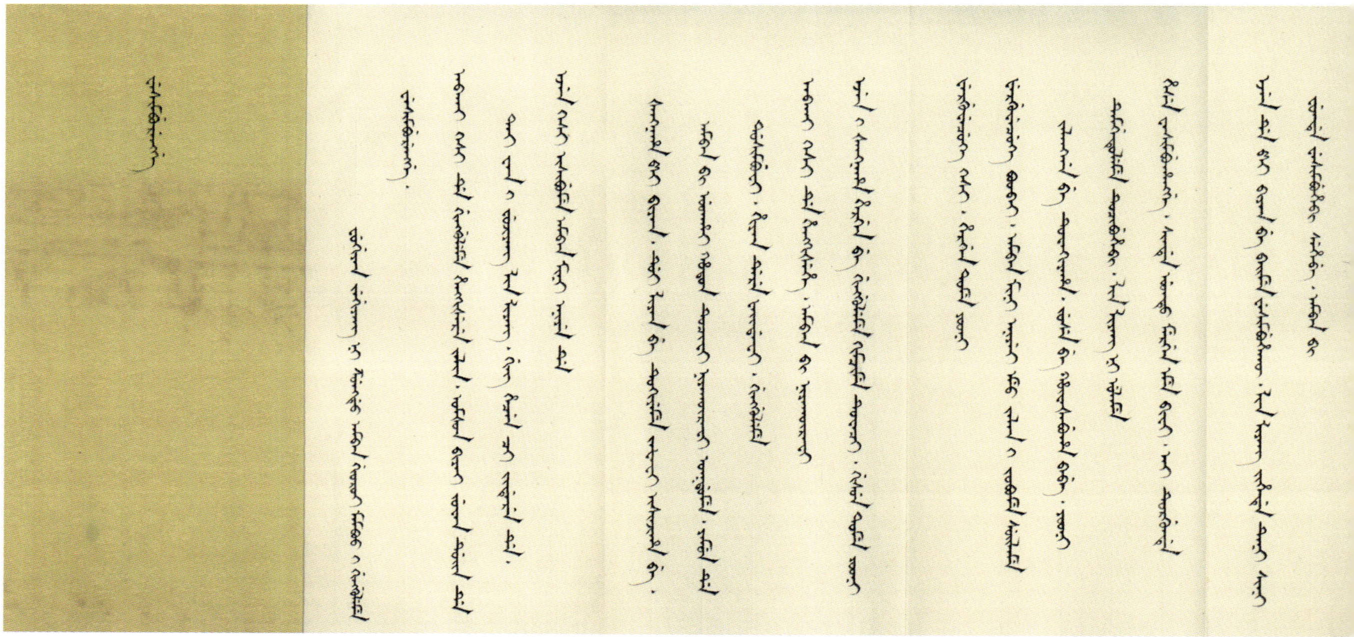

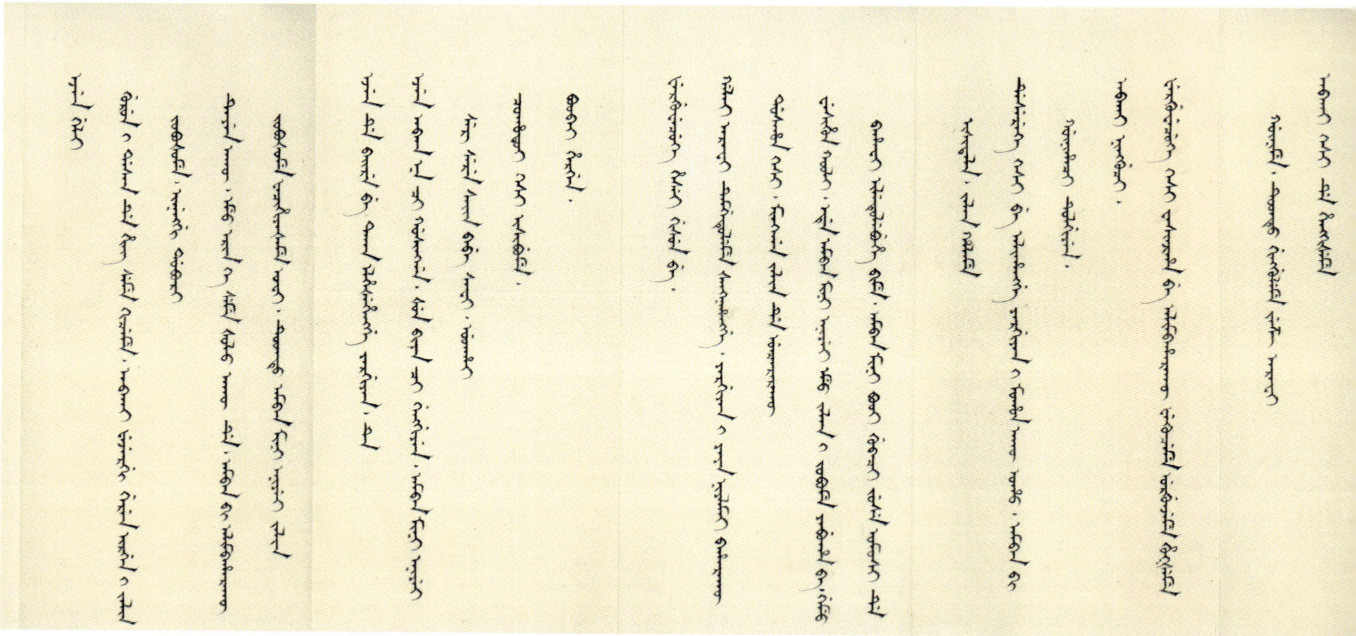

闽浙总督满保奏折：

遵旨拣选台湾总兵

雍正元年十一月十七日（1723年12月14日）

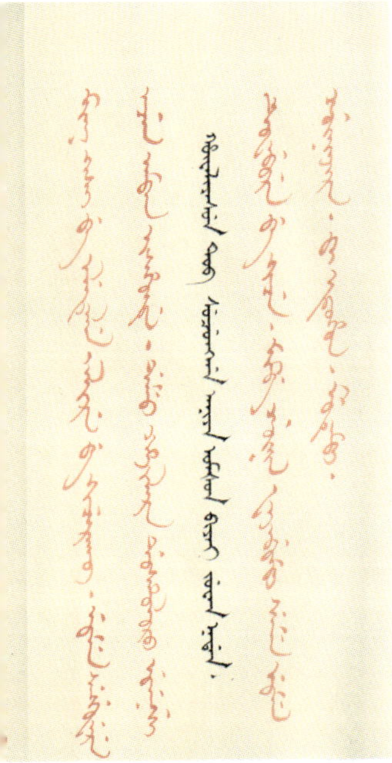

◎ 台湾总兵甘国宝像

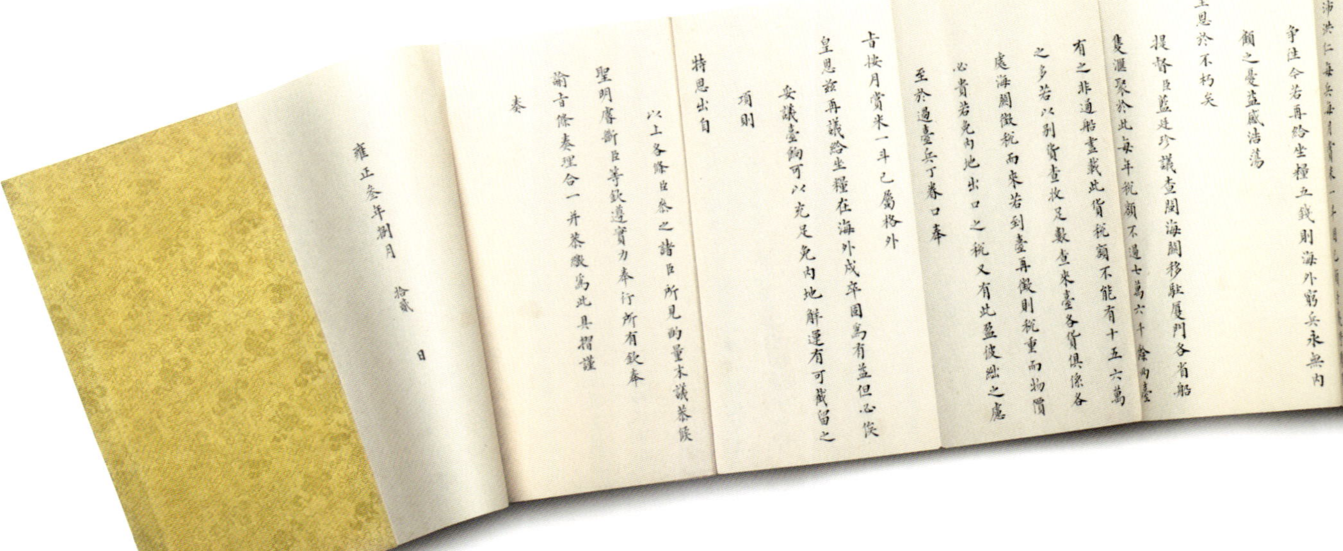
特沛洪仁
爭注今若再給坐糧五錢則海外窮兵永無內
顧之憂益感浩蕩
皇恩於不朽矣
提督臣藍廷珍議查閩海關移駐廈門各省船
隻匯聚於此每年稅額不過七萬六千餘而臺
有之非通船盡載此貨稅額不能有十五六萬
之多若以別貨查收足數查來臺各貨俱係各
處海關徵稅而來若到臺再徵則稅重而物價
必貴若免內地出口之稅又有此盈彼絀之慮
至於過臺兵丁眷口奉
旨按月賞米一斗已屬格外
皇恩茲再議給坐糧在海外戍卒固為有益但必俟
安議臺餉可以充足免內地解運有可截留之
項則
特恩出自
以上各條臣奏之諸臣所見酌量末議恭候
聖明睿斷臣等欽遵實力奉行所有欽奉
諭旨條奏理合一并恭繳為此具摺謹
奏
雍正叁年捌月　拾貳　日

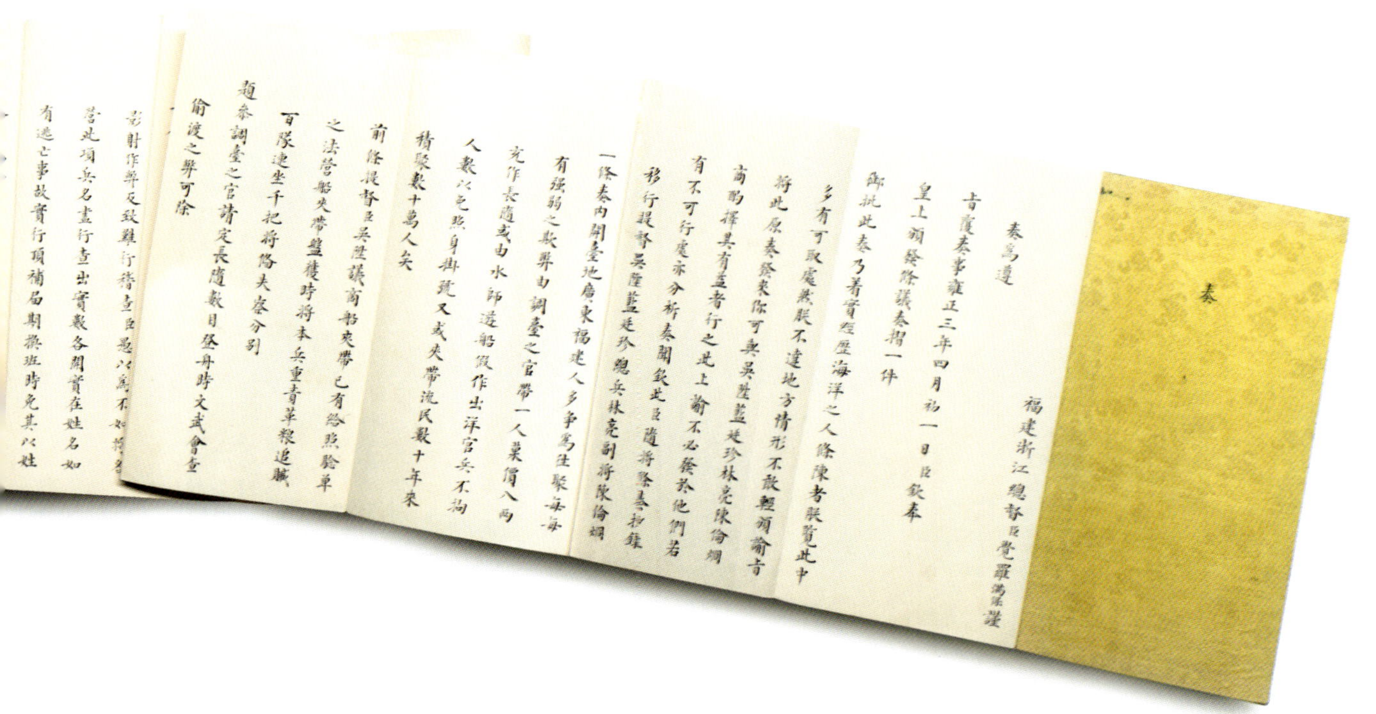

奏

福建浙江總督臣覺羅滿保謹

奏爲遵

旨覆奏事雍正三年四月初一日臣欽奉

皇上頒發條議奏摺一件

御批此奏乃着實經歷海洋之人條陳者朕覽此中

多有可取處然朕不達地方情形不敢輕頒諭旨

將此原奏發來你可與吳陞藍廷珍林亮陳倫炯

商酌擇其有益者行之此上諭不必發於他們若

有不可行處亦分析奏聞欽此臣隨將條奏抄錄

移行提督吳陞藍廷珍總兵林亮副將陳倫炯

一條奏内開臺地廣東福建人多爭爲生聚每每

有強弱之欺弊由調臺之官帶一人業價八兩

充作長隨或由水師造船假作出洋官兵不[illegible]

人數以免照身掛號又或夾帶流民數十年來

積聚數十萬人矣

前條提督臣吳陞議商船夾帶已有給照驗單

之法營船夾帶盤獲時將本兵重責革糧追贓

[illegible]隊連坐千把將備大參分別

題參調臺之官請定長隨數目登舟時文武會查

偷渡之弊可除

影射作弊反致難行稽查臣愚以爲不如將各

營此項兵名盡行查出實數各關實在姓名如

有逃亡事故實行頂補届期撥班時免其以姓

闽浙总督满保奏折：

遵旨据实际情形议复商酌管理台湾地方各条

雍正三年八月十二日（1725年9月18日）

小東門
中營署
右營署
大北門
左營署
小北門
紅毛樓
天后宮
新建大殿
西門

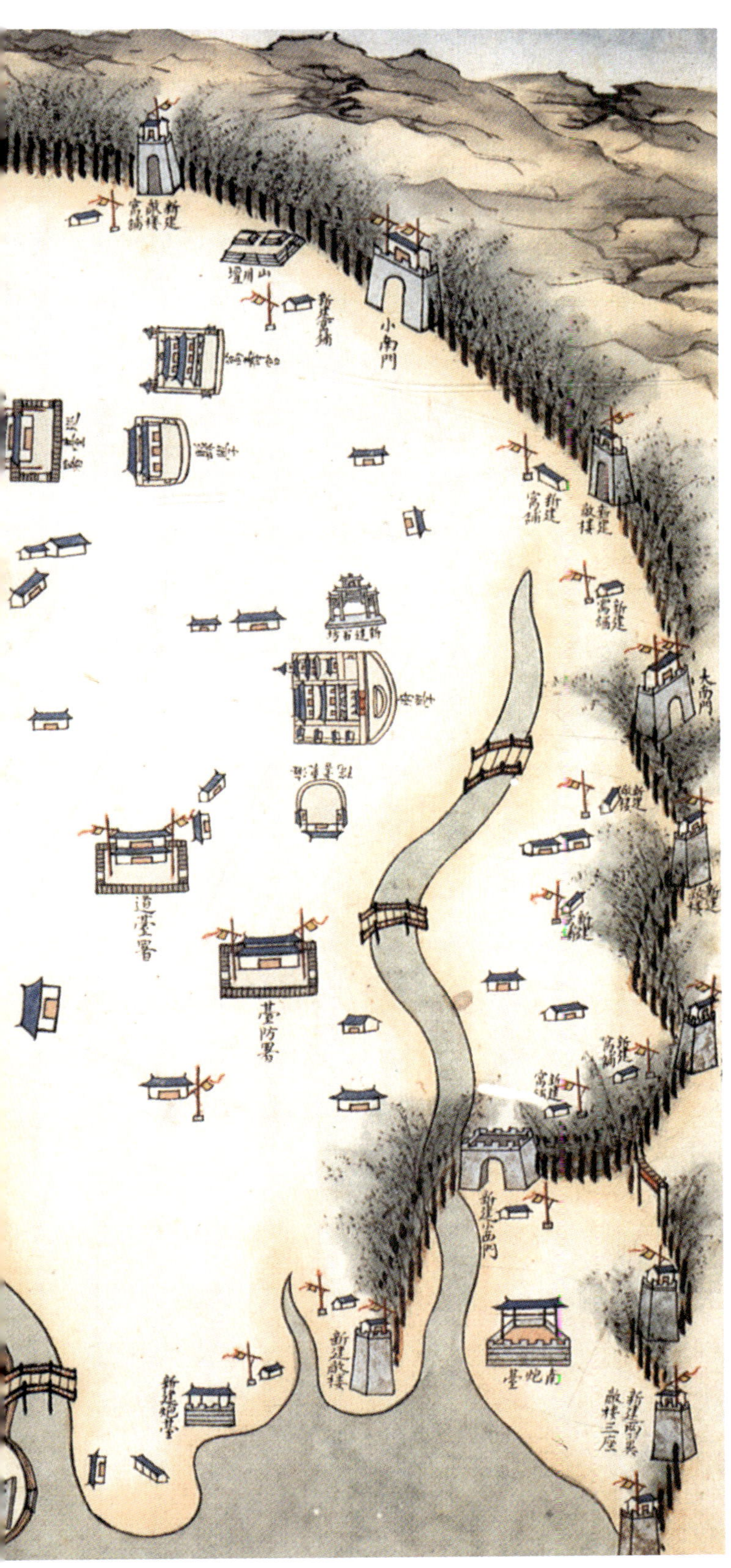

◎重建台湾郡城图

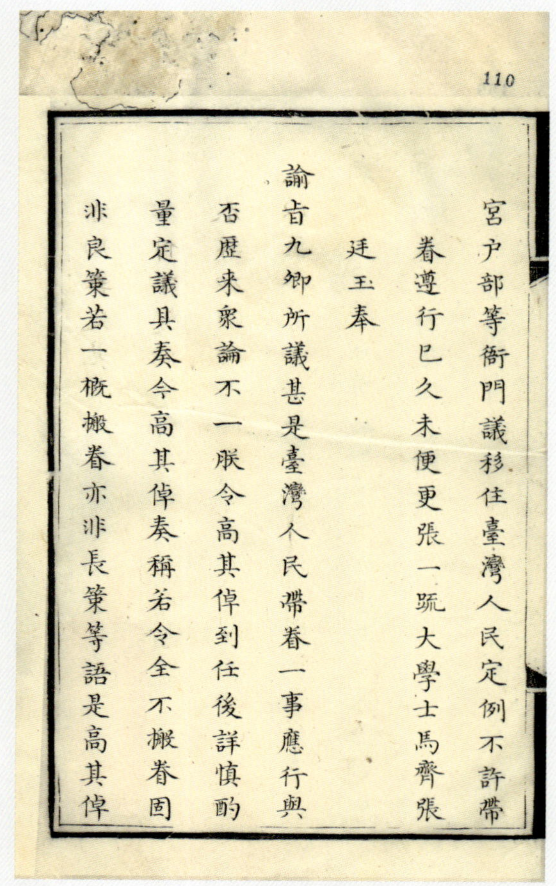
110

宮户部等衙門議移住臺灣人民定例不許帶
眷遵行已久未便更張一疏大學士馬齊張
廷玉奉
諭旨九卿所議甚是臺灣人民帶眷一事應行與
否歷來衆論不一朕令高其倬到任後詳慎酌
量定議具奏今高其倬奏稱若令全不搬眷固
非良策若一概搬眷亦非長策等語是高其倬

111

亦胸無定見而為此游移遷就之詞古人云利
不什不變法害不什不易制着仍照舊例行待
朕再加酌量自是日起
上以孟冬時享
太廟齋戒三日
是日
起居注官覺羅逢泰馬金門

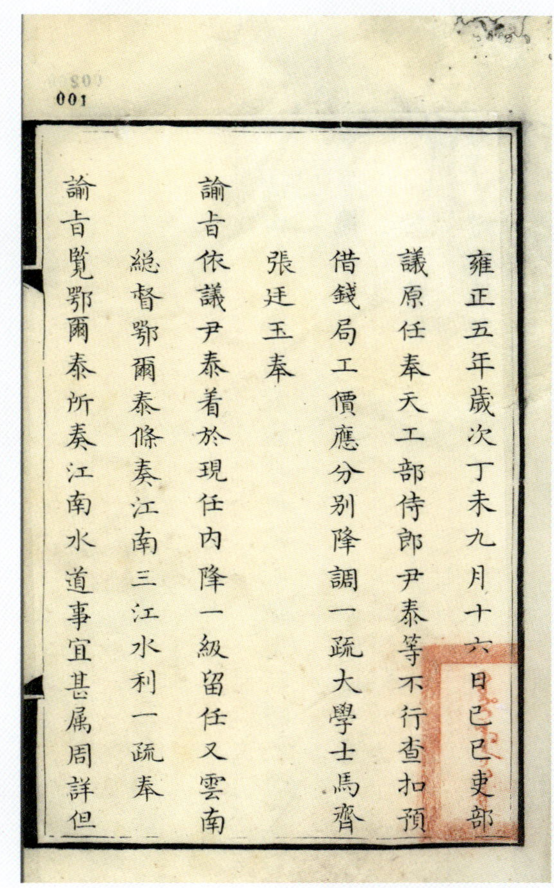
001

雍正五年歲次丁未九月十六日己巳吏部
議原任奉天工部侍郎尹泰等不行查扣預
借錢局工價應分别降調一疏大學士馬齊
張廷玉奏
諭旨依議尹泰着於現任內降一級留任又雲南
総督鄂爾泰條奏江南三江水利一疏奉
諭旨覽鄂爾泰所奏江南水道事宜甚屬周詳但

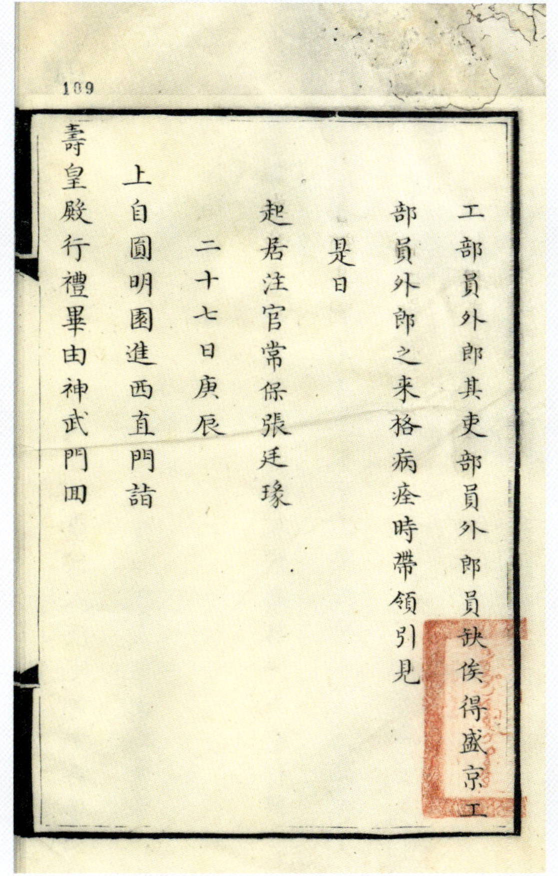
189

工部員外郎其吏部員外郎員缺俟得盛京工
部員外郎之来格病痊時帶領引見
是日
起居注官常保張廷瑑
二十七日庚辰
上自圓明園進西直門詣
壽皇殿行禮畢由神武門回

雍正皇帝谕旨：

着移往台湾民人仍照例不许携眷

雍正五年九月二十七日（1727年11月10日）

◎ 雍正皇帝像

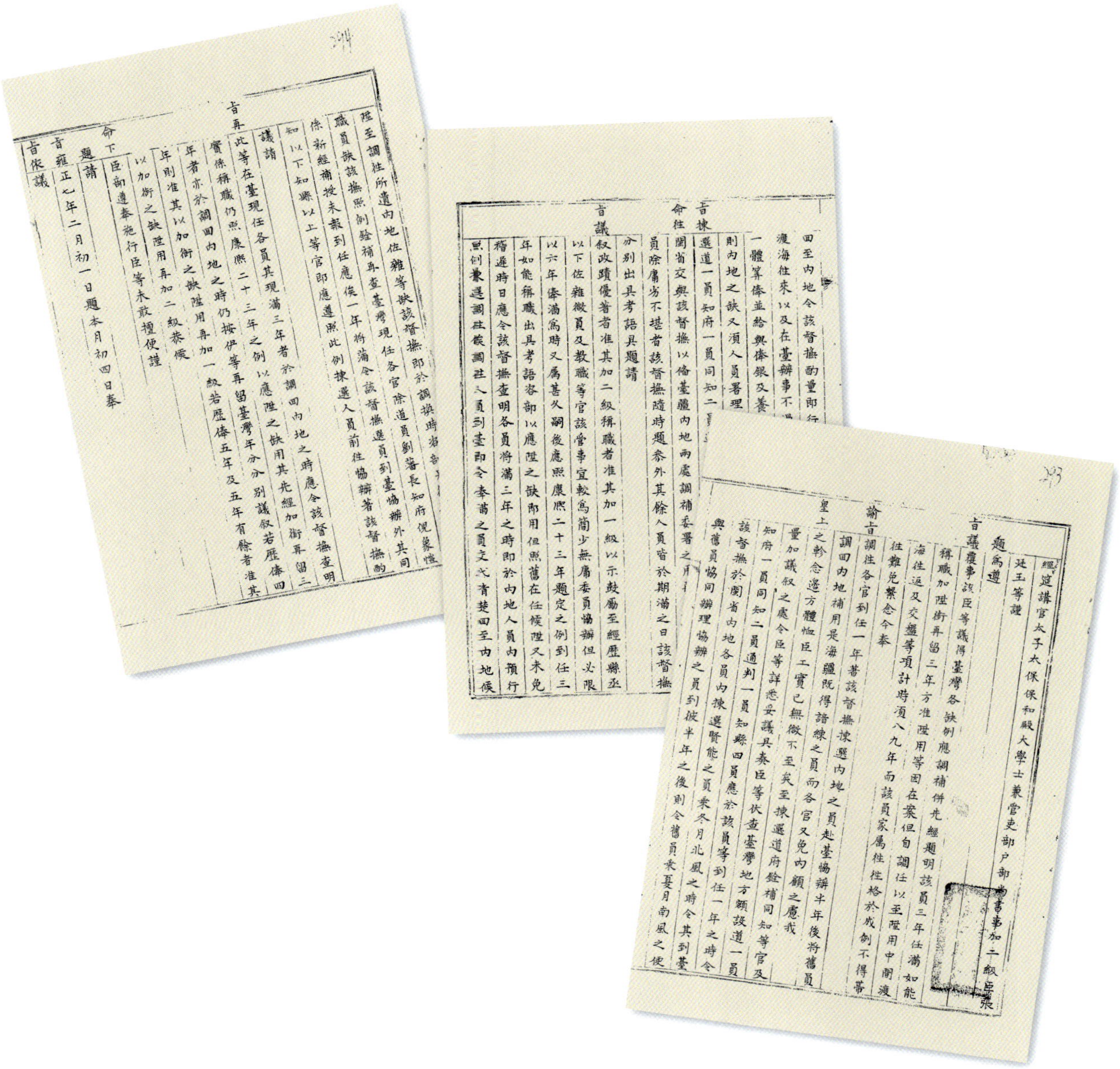

吏部尚书张廷玉等题本：

台湾道府知县等官到任一年由内地派员到台协办半年

雍正七年二月初一日（1729年2月28日）

木岡土庫社
竹仔山
大穆降
萬壽亭
臺灣縣署
小橋
中營
右營
大橋
中樓仔
總鎮署
左營

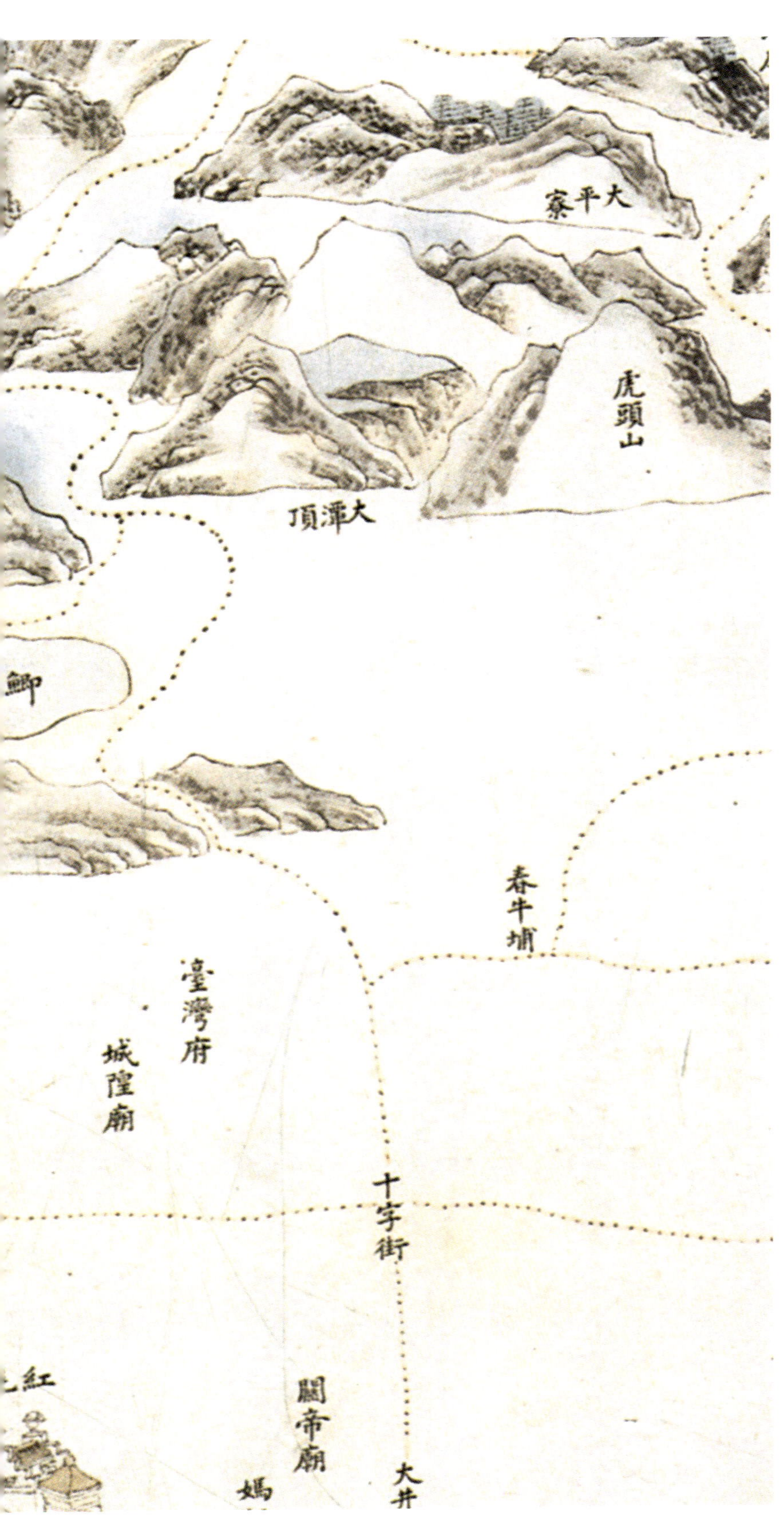

◎ 雍正年间台湾府署位置图

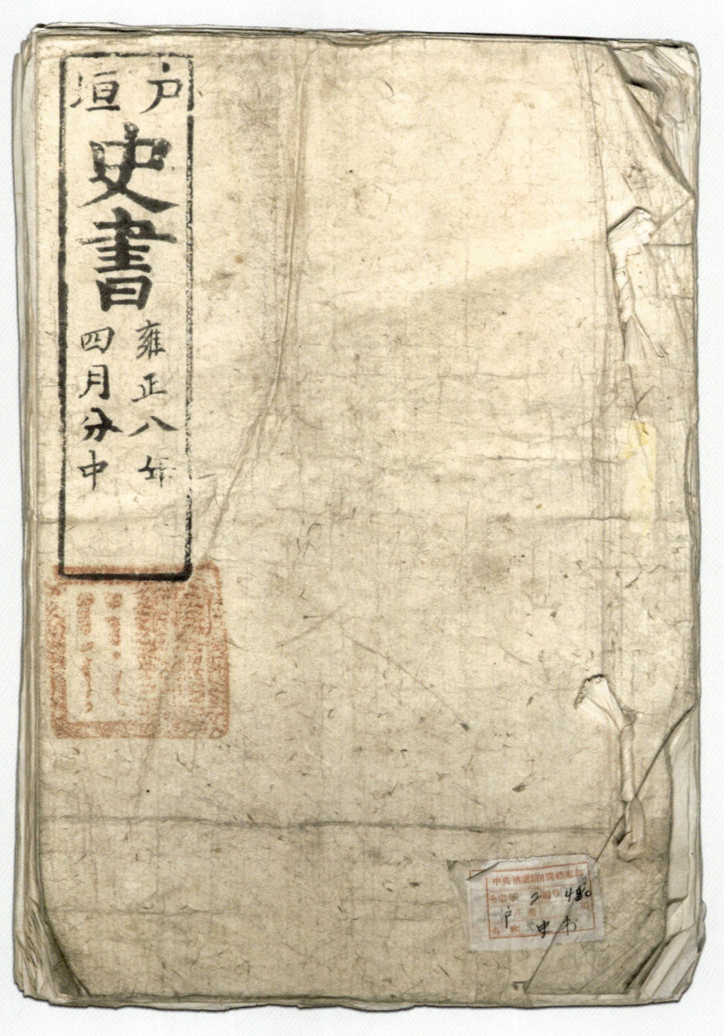

户部尚书张廷玉题本：

台湾换班兵丁所用银两于福建饷税银内动拨

雍正八年四月十八日（1730年6月3日）

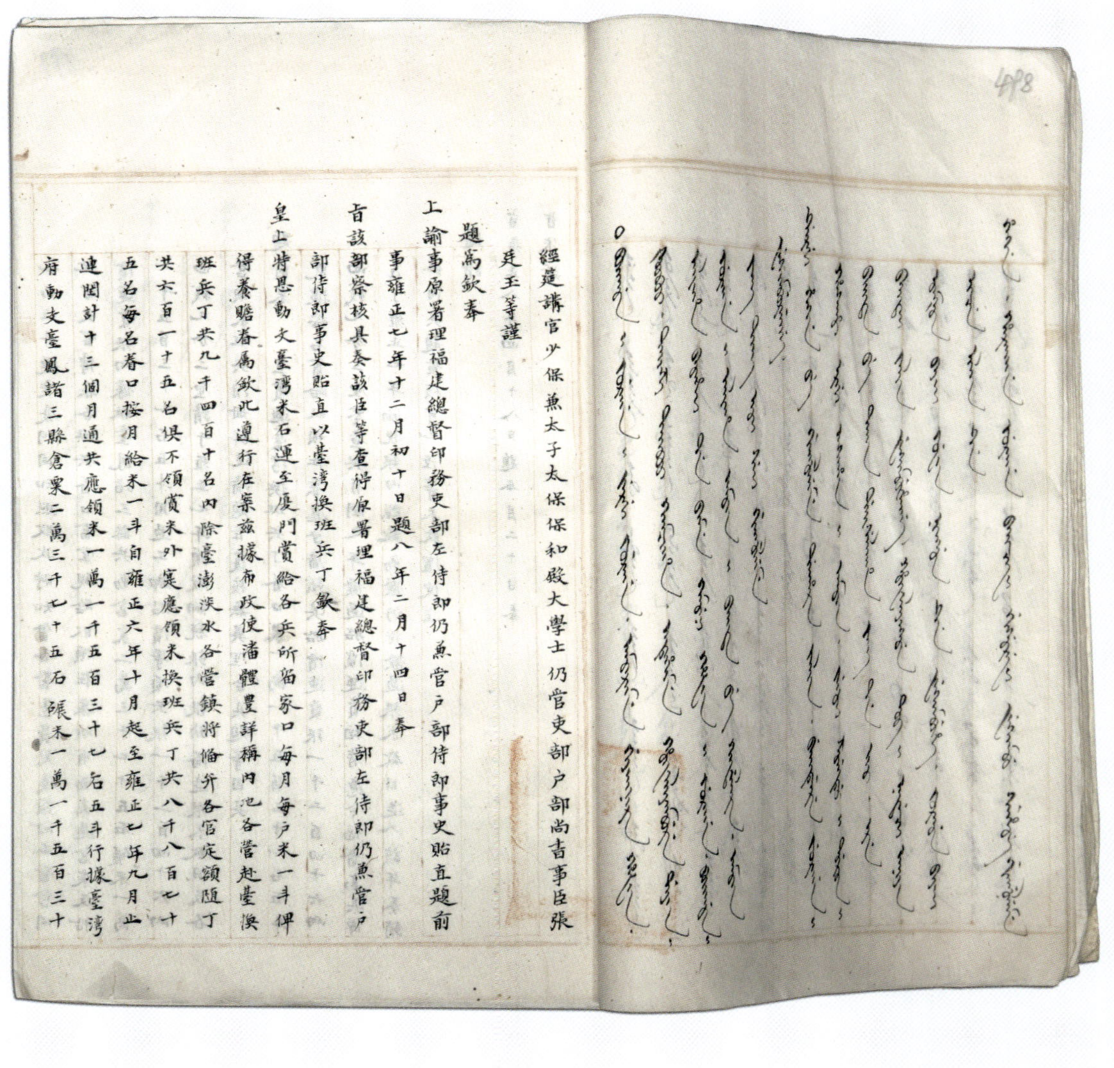

經筵講官少保兼太子太保保和殿大學士仍管吏部户部尚書事臣張
廷玉等謹
題為欽奉
上諭事原署理福建總督印務吏部左侍郎仍兼管户部侍郎事史貽直題前
事雍正七年十二月初十日題八年二月十四日奉
旨該部察核具奏該臣等查得原署理福建總督印務吏部左侍郎仍兼管户
部侍郎事史貽直以臺灣換班兵丁欽奉
皇上特恩動支臺灣米石運至厦門賞給各兵所留家口每月每户米一斗俾
得養贍眷屬欽此遵行在案兹據布政使潘體豐詳稱内地各營赴臺換
班兵丁共九千四百十名内除臺澎淡水各營鎮將備弁各官定額隨丁
共六百一十五名俱不領賞米外寔應領米換班兵丁共八千八百七十
五名每名眷口按月給米一斗自雍正六年十月起至雍正七年九月止
連閏計十三個月通共應領米一萬一千五百三十七石五斗行據臺灣
府動支臺鳳諸三縣倉粟二萬三千七十五石碾米一萬一千五百三十

◎ 清代户部衙门

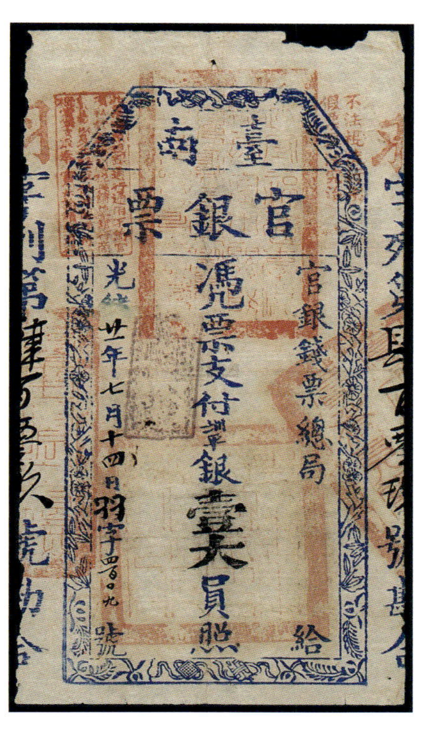

◎ 清代台湾台南官庄银票
（壹大圓）

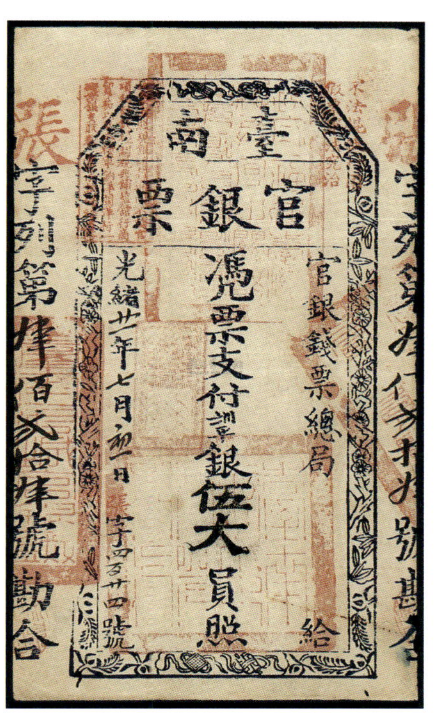

◎ 清代台湾台南官庄银票
（伍大圓）

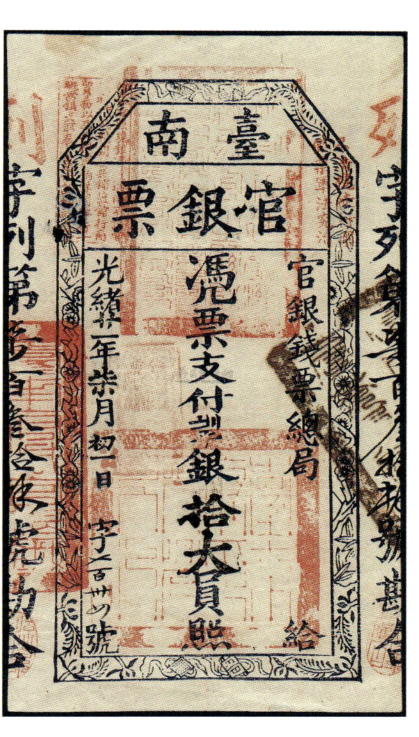

◎ 清代台湾台南官庄银票
（拾大圓）

總督福建等處地方軍務兼理粮餉兵部右侍郎兼都察院右副都御史紀錄一次降二級留任臣劉世
明謹
題為特參濫給等事該臣看得臺灣義民給照一案接准部咨行令該督撫查明妥議具題到日再議等因
行據布政使潘體豊會同按察使劉藩長呈詳嗣後如有義民請照回籍省視者應飭赴縣稟驗併取該
保甲隣佑互結登明冊內即給與往回義照由臺防廳掛驗出口至廈防廳覆驗併酌定限期註冊不許
胥役需索勒指漳泉等府以半年為期粵省各縣以一年為率預期久如期者驗明准行逾違原限者除
取本地方官聲明事故執照亦一體准行外如無本地方官印文將照查銷不准出口仍移會臺防廳併
行知該縣以便冊內註銷再臺鳳諸彰四縣土著者少寄籍者多除單身傭雇祇給小票到廈繳銷外其
有產業眷口在臺而欲回籍省視者應請如義民給照之例遵行另立一冊稽查如有由臺回籍者各該
縣給照時仍將照內所填年貌籍貫報明臺廈二防廳查驗來臺則廈防廳移會臺防廳併知照原給照
之縣查銷似此來往稽察防閑嚴密庶弊端可以杜絕儻請照各民內有頂替溷冒一經察出在廈則歸
廈防廳究明在臺則歸原給照之縣審訊照例分别定擬治罪如給照之時不加詳慎被臺廈防廳查驗
不符將該縣以濫給照票指參如係在廈冒頂來臺被獲將該廳以失察偷渡參處俾責成有專勸懲不
爽民不滋擾而海疆亦得以肅清等由前來臣覆查無異謹會題請
旨雍正十年二月初七日題三月十二日奉
旨該部議奏

福建总督刘世明题本：

台民回籍省亲应赴县禀验领照往返经台厦防厅复检

雍正十年二月初七日（1732年3月3日）

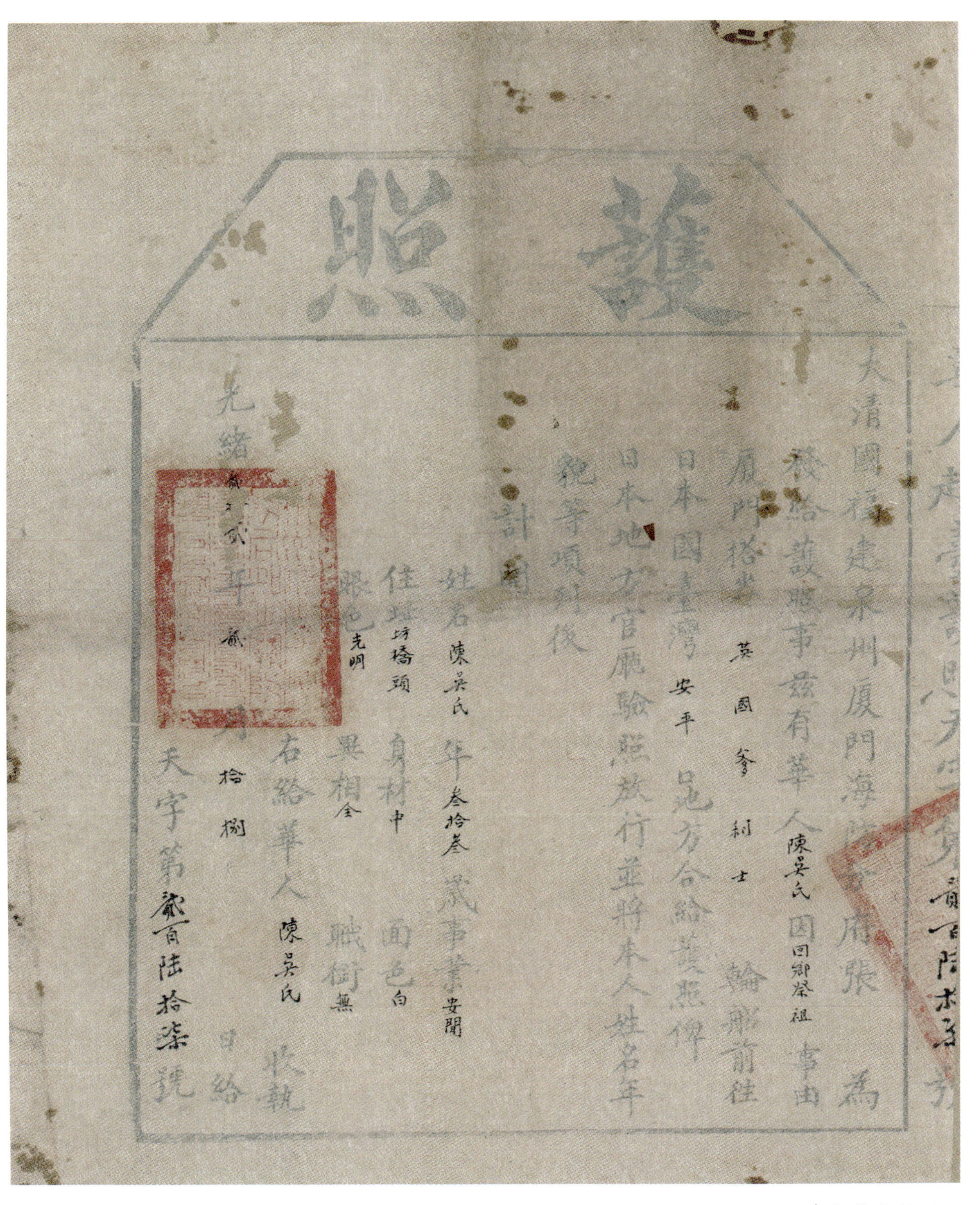

護照

大清國福建泉州廈門海防分府張 為
發給護照事茲有華人陳吴氏 因回鄉祭祖 事由
廈門搭坐 英國 爹 利 士 輪船前往
日本國臺灣 安平 地方合給護照俾
日本地方官驗照放行並將本人姓名年
貌等項列後
計開
姓名 陳吴氏 年 叁拾叁 歲 事業 安閒
住址 坊橋頭 身材 中 面色 白
眼色 光明 異相 全 職銜 無
右給華人 陳吴氏 收執
光緒貳拾貳年貳月拾捌日給
天字第貳百陸拾柒號

◎清末赴台护照

外洋
外招
北汕
内招
外洋
竹堑外口水深一丈二尺
南汕
竹堑内口水深六七尺
西
砲臺
羊寮庄
民壮草寮
民房
虎仔山庄
海口大庄
沙崙
溪
北至溪十里
竹堑城

民房
民房
民房
民房
民房
民房
民房
東
淡水港
竹塹在淡廳城北十里民居鋪戶廟稠文武汛館在
地稽查海口現量外港口門水深一丈二尺內港水深六
七尺內地大船難入北路右營遊擊駐扎城內隨防
兵二百八十八名可以顧守酌築砲墩五座
淡水溪
溪

◎ 台湾淡水厅竹堑港图说

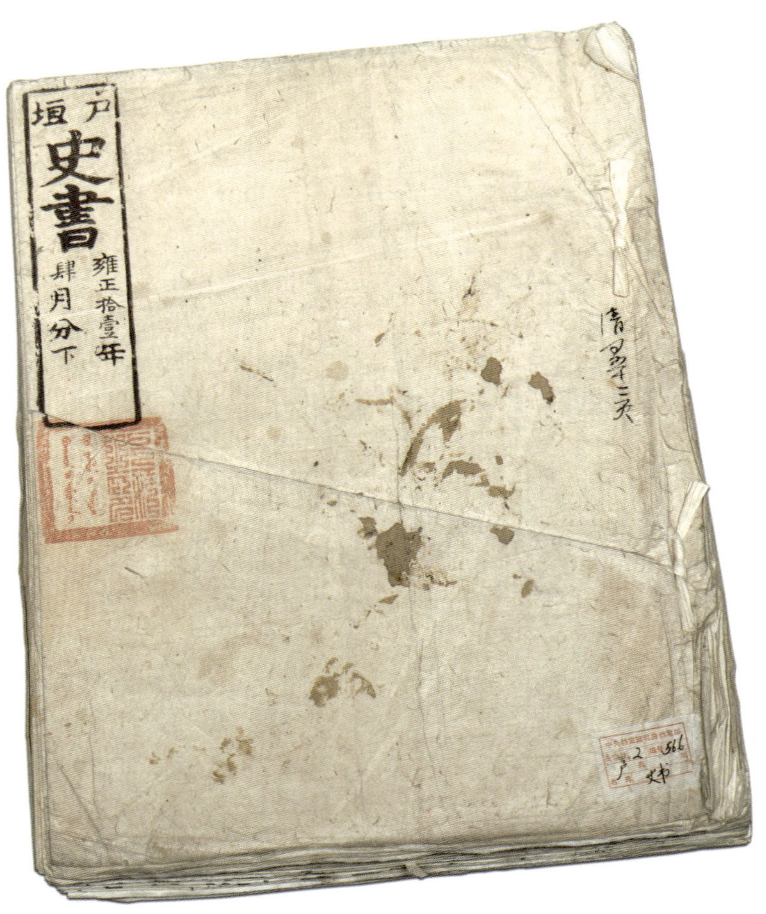

户部尚书张廷玉题本:

流寓在台客民只许搬取内地妻子过台

雍正十一年四月二十二日（1733年6月4日）

◎闽台家族图

幾及五十萬之多又慮難以出糶陳陳相因恐
有霉爛之虞是以未曾收買但現蒙
皇上天恩准令臺民搬眷其有田積穀之家無不亟
亟思糶爲搬眷之費今若不變通籌畫民用未
紓臣等一面將鳳山縣現存八社積穀酌運十
萬石先行運赴内地沿海各府廳縣量派收貯
於青黄不接之時即行出糶接濟民食於前項
穀價内酌量動支銀兩發交臺灣府貯庫行令
各縣酌量採買以補前項社倉穀數如此在臺
地穀石民可得價糶賣用費有資在内地兵民
更得接濟米價無騰貴之慮即使將來客民携
帶眷口食指加增臣等查臺地拋棄田土甚多
現在設法招墾田畝一廣米穀更有盈餘無匱
矣除分晰咨部外事關須籌積貯緣由理合恭
摺奏
聞伏乞
皇上睿鑒臣玉麟臣國麟謹
奏
雍正十一年九月　二十五　日具

福建总督郝玉麟等奏折:

台湾一府四县历年积谷酌量运往内地收贮

雍正十一年九月二十五日（1733年11月1日）

福建總督臣郝玉麟
福建巡撫臣趙國麟謹
奏爲預籌積貯米穀事竊照閩省地處邉海山多
田少人民蕃庶每年所産稻穀不敷一年民食
之用或遇收成稍歉即至市價昂貴告糴維艱
是以從前荷蒙
聖恩截漕運糶以及動帑江浙採買原爲未雨綢繆
之計比年以來仰荷
皇上洪福歲慶有秋又將積穀併糶小民得無匱乏
之虞無如本地産米不多又因人稠地狹食指
浩繁是以米價不能甚平本年早稻豐收晚稻
更屬茂盛現在乘時收穫其從前漕米併江浙
穀石連年陸續糶賣將完惟是豐歉難期山海
重地積貯一事誠不可稍緩臣等伏睹我
皇上宵旰憂勤無時不以民食爲念敢不仰體
聖主愛養羣黎至意籌畫積貯以爲小民食用之計
臣等查浙江截留漕運并買運浙米各案項下
今將糶完現存價銀六萬一千九百六十餘兩
原准部覆行令買米積貯今議積貯若在本省
採買市價必致高昂於民甚有未便且查江浙
米價亦不甚平未便採買訪聞得湖廣米價平
減可以採買乘正二月風信海運甚便臣等於
存剩穀價項内酌撥銀一萬兩委員前赴彼地
確查價值若較閩稍減或不相上下即便採買
或再齎銀多買否則即行停止蓋原爲積貯採
買並非待其接濟且使閩省積穀之家聞知外

◎台湾新竹垦户金广福垦务议事所

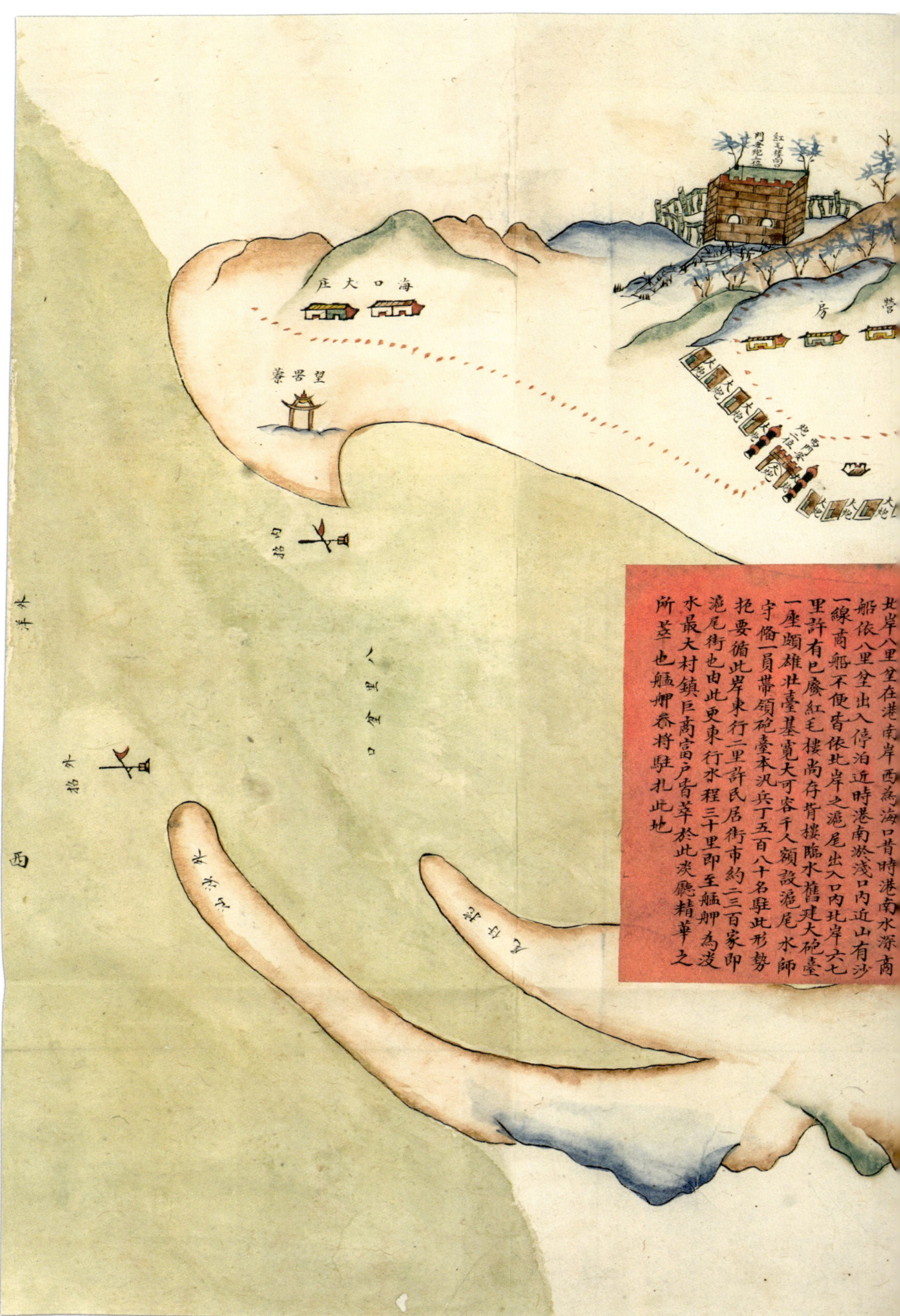
海口大庄
營房
大炮
內船
外船
外洋
八里坌口
西
外沙汕
北岸八里坌在港南岸西為海口昔時港南水深商
船依八里坌出入停泊近時港南淤淺口內近山有沙
一線商船不便皆依北岸之滬尾出入口內北岸六七
里許有已廢紅毛樓尚存背樓臨水舊建大砲臺
一座頗雄壯臺基寬大可容千人額設滬尾水師
守備一員帶領砲臺本汛兵丁五百八十名駐此形勢
扼要循此岸東行二里許民居街市約二三百家即
滬尾街也由此更東行水程三十里即至艋舺為淡
水最大村鎮巨商富户皆萃於此炎廳精華之
所萃也艋舺參將駐扎此地

◎台湾淡水厅沪尾图说

便阻其傾戴之誠，爾隨會同臺灣道臣張嗣昌
遴選通曉漢話土目番黎貳拾貳名、通事伍名
派撥文武弁員沿途照料護送赴省。外臣不敢
壅於上
聞，理合繕摺具
奏，伏乞
皇上睿鑒施行。

覽

雍正拾貳年拾月　初肆　日福建臺灣總兵官駐劄臺灣府臣蘇明良

奏摺

福建臺灣總兵官駐劄臺灣府臣蘇明良謹
奏為顒頌
皇恩廣沛恭逢
聖壽昌期懇請准赴會城敬效嵩呼同慶事據臺灣
鳳山諸羅彰化四縣各社番黎慶福等環繞臣
署僉呈竊慶福等聚居海表生長遐方幸邀
聖朝覆載無私附入版圖仰沐
聖天子德化覃敷矜恤備至久已淪肌浹髓共切尊
親之戴復蒙
聖恩延師以訓番童社社敦詩説禮薄賦輕徭個個
含哺鼓腹仍添設官兵俾得永安衽席際茲陽
春拾月恭逢
皇上萬壽聖節慶福等俱皆倍切踴躍歡欣爭趨赴
省頂祝

福建台湾总兵苏明良奏折：
台湾凤山诸罗彰化四县各社番黎庆福等赴省顶祝皇上万寿
雍正十二年十月初四日（1734年10月30日）

親兵

◎清代台湾番俗图

浙總督郝玉麟奏臺灣錢價昂貴請將福州省城存貯黃銅九萬八千餘斤開局鼓鑄錢文運赴臺地一摺奉

諭旨着照所請速行該部知道又奏閩粵民人流寓臺灣者許其搬運眷屬定例已及八載恐有奸徒略販頂冒等弊請定限期一年逾限者不准給照搬運一摺奉

0040

八千一百九十四兩零即於綏遠城開墾銀兩
暫那散給王常等不必交部（内閣上諭簿）又戶部議漕運
總督托時奏山陽縣額徵常盈倉餘地租銀
未完銀一千一百八兩零查在雍正十三年
九月初三日
恩詔以前應准其豁免一疏奉
諭旨此項未完租銀准其豁免餘依議（内閣絲綸簿）又閱

乾隆皇帝谕旨：

台湾钱价昂贵着将福州存储黄铜铸钱运台及寓台者搬眷一年为限

乾隆四年九月初三日（1739年10月5日）

泰山廟

◎ 清代福建全省各州府城隍图

洋遇風險更莫測舟中糧帶口糧少有不足必
致向隅本年漳浦營換臺兵丁兩遇颶阻飄至
廣東海門臣聞報飛飭接濟盤纏又雲霄營兵
丁過臺遇颶仰賴我
皇上洪福幸澎湖汛哨船救護得保無恙惟軍械行
李盡失臣將情由具報督撫提臣裁酌似此繁
難實堪憫惻且各營兵丁內有自爲通融幫貼
然往戍者未見其饒在營者已均受其累似非
仰體
聖主重念海疆優恤士卒至意臣查陝西派兵防守
哈密四川輪換駐鎮西藏均蒙
皇恩浩蕩於起程之先預借各兵馬六步四銀兩以
爲收拾行裝之用起程之後復月支口糧鹽菜
爲沿途日用之需其本兵糧餉各留爲養贍家

口酌給盤費於盈餘項下開銷庶換防班兵不
致掣肘踴躍戍守更於重地有益如蒙臣言可
採伏乞
皇上特頒
諭旨勅交督臣德沛酌量辦理則邊海戍卒頂戴
隆恩生生世世矣爲此繕摺具
奏伏乞
皇上睿鑒施行

該部議奏

乾隆伍年捌月　拾陸　日

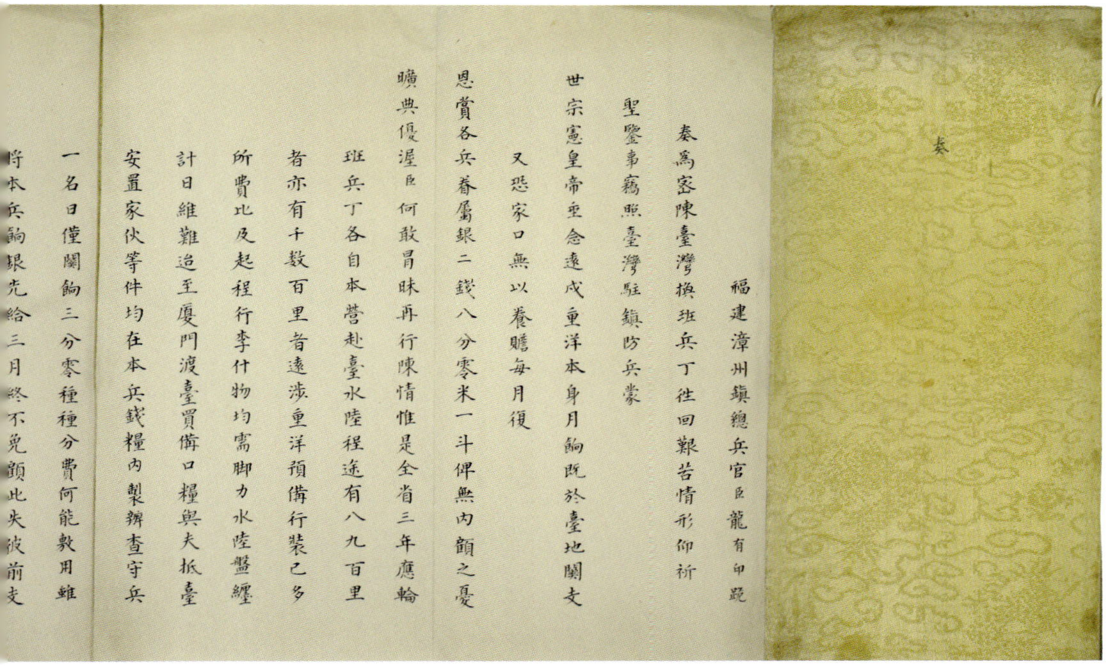

福建漳州鎮總兵官臣龍有印跪
奏為密陳臺灣換班兵丁往回艱苦情形仰祈
聖鑒事竊照臺灣駐鎮防兵蒙
世宗憲皇帝垂念遠戍重洋本身月餉既於臺地關支
又恐家口無以養贍每月復
恩賞各兵眷屬銀二錢八分零米一斗俾無內顧之憂
曠典優渥臣何敢冒昧再行陳情惟是全省三年應輪
班兵丁各自本營赴臺水陸程途有八九百里
者亦有千數百里皆遠涉重洋預備行裝已多
所費比及起程行李什物均需腳力水陸盤纏
計日維艱迨至廈門渡臺買備口糧與夫祇臺
安置家伙等件均在本兵錢糧內製辦查守兵
一名日僅關餉三分零種種分費何能敷用雖
將本兵餉銀先給三月終不免顧此失彼前支

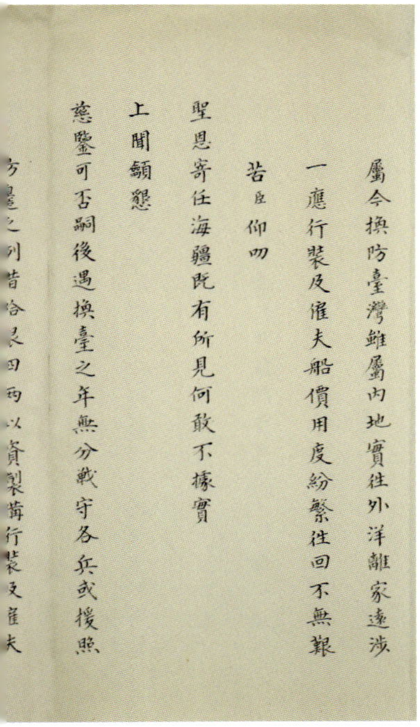

屬今換防臺灣雖屬內地實往外洋離家遠涉
一應行裝及雇夫船價用度紛繁往回不無艱
苦臣仰叨
聖恩寄任海疆既有所見何敢不據實
上聞顓懇
慈鑒可否嗣後遇換臺之年無分戰守各兵或援照
[illegible]邊之列皆給[illegible]而以資製備行裝及雇夫

福建漳州镇总兵龙有印奏折：

台湾换班兵丁往回艰苦情形

乾隆五年八月十六日（1740年10月6日）

◎ 台南海山会馆的轮换戍守班兵临时驻房

◎ 清八旗之正黄、镶黄、正白、镶白四旗之甲胄

罰之員實難其選，以致臺灣縣一缺自乾隆五年八月出缺後至

今缺將及二載。前經臣德沛遴選晉江知縣胡格調補，一面先

令赴臺，嗣部駁以該員有降罰等案，復自臺撤回。又將光

澤知縣李光祁題調，旋據該員因母病告請終養。臣等復任

復將滿城知縣兼知楊光璽揀選調補，臣因原缺一年有餘，隨

先令渡海赴任，今復經部議以該員有罰俸徵收之案未

准調補等因。

皇上垂明遠照，軫念海疆，俯准臣等所請，均予補授。自此海外首

邑始得有專員料理，不致偶再另選具題，又須耽延半年之

久，於地方實屬有益。臣不揣冒昧，合詞仰懇

聖恩，俯念臺地緊要，嗣後遇有調補缺出，除降革留任例足參

處及經徵錢糧未完在下以上者仍照例不准調補外，其

餘因公參罰若干在一年以下之員，俱准調補，統於本內聲明，

庶臣等得以一面題調，一面令其赴任接辦，而海疆要缺之曠

要地得收得人之效矣。臣因臺灣要地要缺起見，是否可行，伏乞

皇上睿鑒，敕部議覆施行。謹

奏

乾隆七年五月十八日奏

硃批：該部議奏。欽此

四月二十四日

署理福州将军策楞奏折：

台湾要地悬缺请准变通调补员缺

乾隆七年四月二十四日（1742年5月28日）

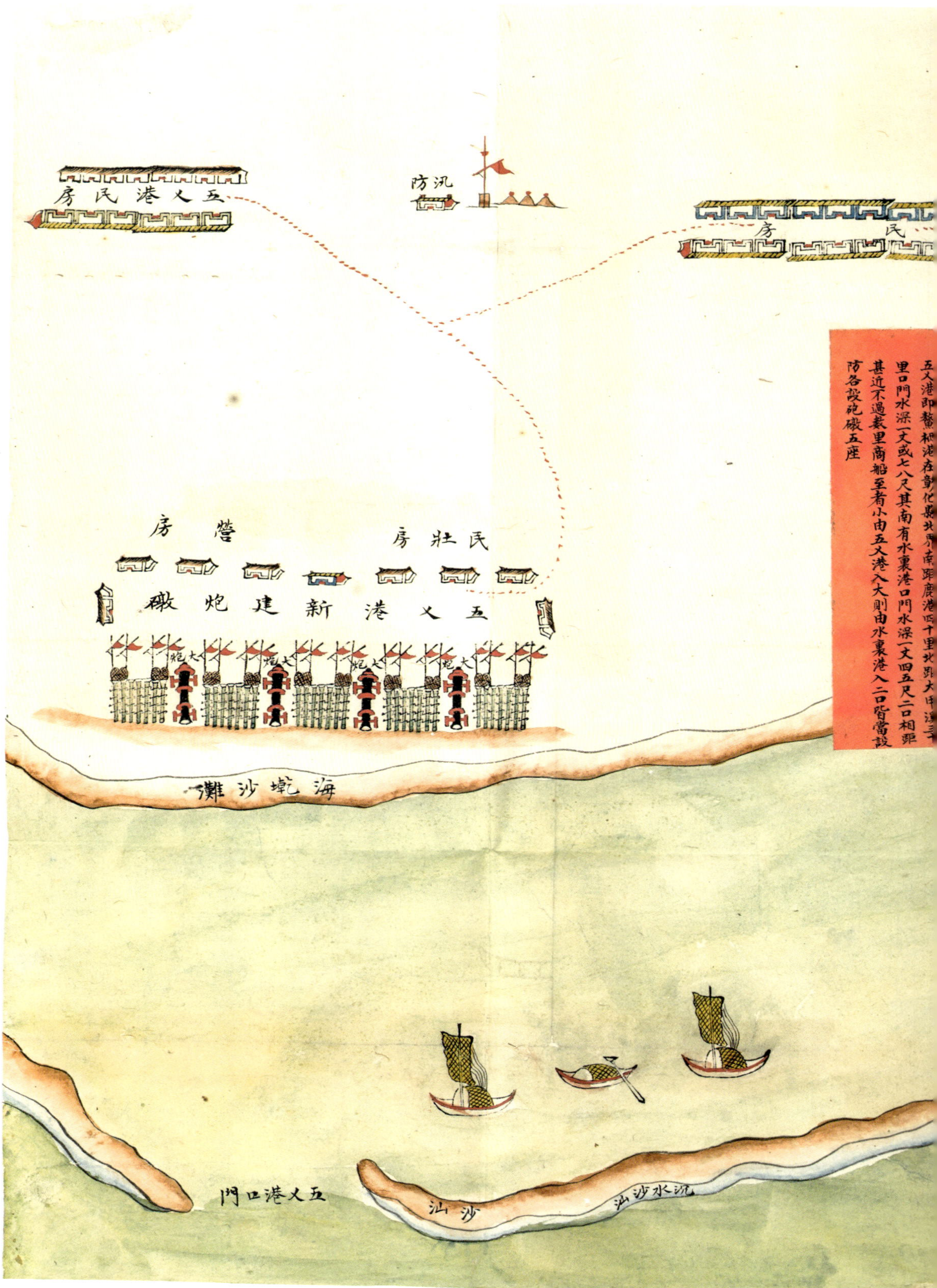
五叉港民房
汛防
民房
五叉港即鰲栖港在彰化縣北界南距鹿港四十里北距大甲溪
里口門水深一丈或七八尺其南有水裏港口門水深一丈四五尺二口相距
甚近不過數里商船至者小由五叉港入大則由水裏港入二口皆當設
防各設砲礮五座
營房
民壯房
五叉港新建炮礮
大炮
大炮
大炮
大炮
海墘沙灘
五叉港口門
沙汕
沉水沙汕

◎ 台湾彰化县五义港水里港二口图说

乾隆九年十月十七日内閣奉

上諭福州府知府陸福宜已據該督撫題請調補臺

灣府知府其所遺福州府知府員缺著福寧府知

府徐維垣調補欽此

乾隆皇帝上谕：

着福州知府调补台湾知府

乾隆九年十月十七日（1744年11月20日）

◎ 府县官员开衙图

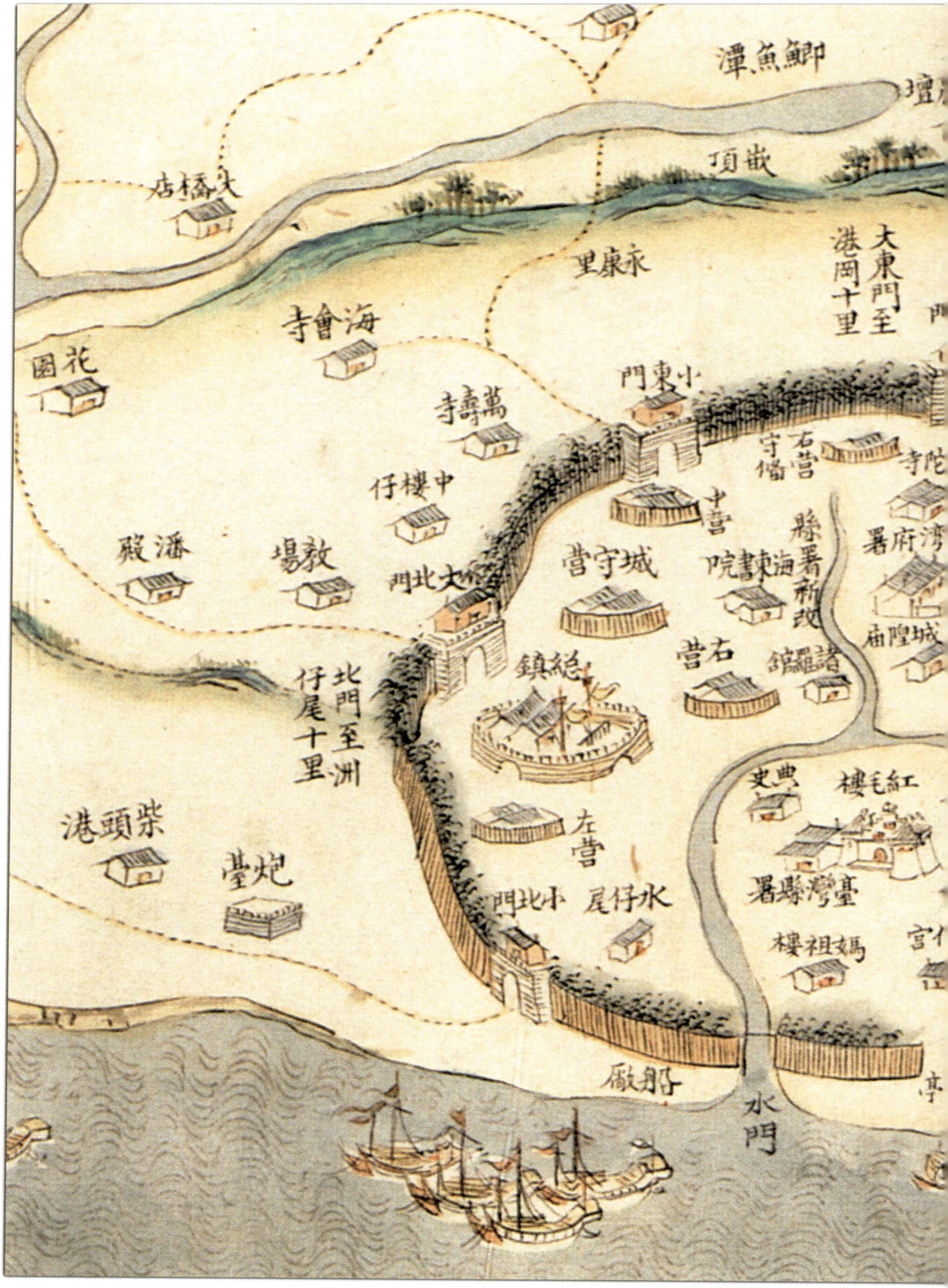

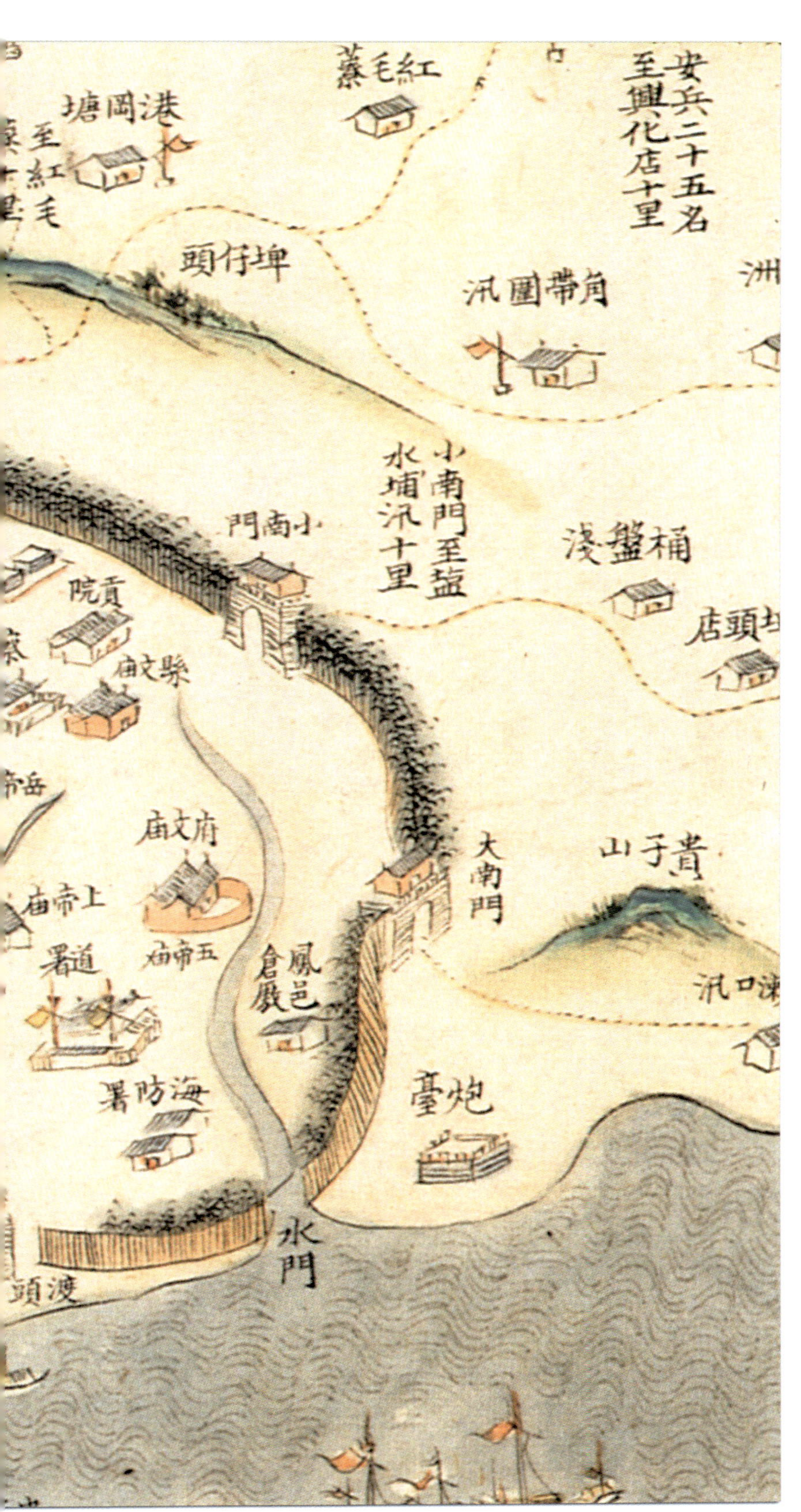

紅毛寮
港岡塘
安兵二十五名
至興化店十里
埤仔頭
角帶圍汛
小南門至鹽水埔汛十里
小南門
桶盤淺
貢院
縣文廟
埤頭店
府文廟
貴子山
大南門
上帝廟
五帝廟
道署
鳳邑倉厫
海防署
炮臺
水門
渡頭

◎ 乾隆年间台湾府城图

闽浙总督马尔泰等奏折：

台湾设立土司并贸易事毋庸议处

乾隆十年十月初三日（1745年10月27日）

归元（?）

马尔泰等

高山条奏台湾设立土司开贸易之处毋庸议

奏

十一月初（?）日

闽浙总督臣马尔泰
福建巡抚臣周学健谨
奏为台郡番情淳朴，难行按实奏明仰祈
圣鉴事。窃查福建布政使高山于一件台郡民番现在应行应禁
等事案内，条奏台湾民番事宜六条，经部覆准，咨奉
旨依议钦此，行文到臣等，随即遵照部行转饬司道府各官详查
去后，兹据该司道府等详开：高山所奏，稽查民番杂处之地，宜立行禁
止番社地界，宜照旧划清生番隘口，宜稽查出入番属应设[illegible]
宜先行移查四条，或系从前原有定例，应再行申禁；或因
从前定例未经分晰，应详加增定，均属有益台地民番，应遵
照部议详定章程，听发遵行外，惟熟番社目宜立土司条
与民番贸易宜设公馆二条，查台郡熟番生番虽
同为土番之名，性情语音迥然各别，熟番不但不能统束生番，
且贸易交关并不与生番往来，即熟番之中一社各为
一类，彼此各不相联属，似与川广苗猺种类虽殊，其类有所
统摄者情形不同。至闽海外土番交涉事项，与该处番情所
利相宜，行之始有裨益，臣等不敢因已经部议覆准奉
旨允行之事，不加详查斟酌，亦不敢因臣等所见与所属即为异议，定
议随经深行台湾道府各官详察番众性情，因地方形势熟

民熟番互相交易，不但伊等一见，未有穷伏逃遁之不暇，
何敢轻至其地，交易实有断难举行之势。其情实在番属
未[illegible]。臣等查台湾远在海外，土番性与人殊，惟在顺其性而
羁縻抚绥，使各安其生。原系[illegible]传驰驿，亟使纳于法
布政使高山因台湾番性难驯，请照川广苗疆土司之例，
于熟番土目中择立土司，给与职衔顶带，使之分管社番，统
辖生番。经部议行，令查明应设几员，给与何项顶带，究
议具题。臣等查北路诸番未尝不善，惟是台湾南北二路
虽均名为土番，而熟番与生番向殊迥别，声气隔绝，熟番
番愚蠢难驯，各社有通事土目经管，伊均按究从应差务，
一呼即至，与内地民人无异，各社章程久定，有与番相习而
各且一社各为一类，彼此不相联属，而土目人等即由番众推
择立举，随时易换，并无以广土司世袭威信可以弹压
番众者，比照熟番情形而论，实无庸另设土司，应请来

◎ 台湾番社贸易图

尔等属接济之处，务须将节年拨运浙江温州、台州等处协济及台湾平粜出借未经随时买补收还，现止存谷一十四万余石。其粜缺之谷不即买补，皆因从前所定古价每石止银四钱五分，价值不敷，难于采买。又台湾郡米谷多产于北路之淡水、彰化等属，离府数百里，须用小船车工运至府城，每石计需运脚银三四分不等，从前未经一并奏明开销，属等部驳核减，地方各官难于赔垫，不能买补，虚额空缺。臣等查阅省谷石，近年时价秋收价平之际，每谷一石价在六钱上下，至八九钱不等，久无止贵银四五钱之事。臣等于上年七月内具奏买补福清等十二厅县增价额谷案内，业经备细声明，请照时价买补，设有不敷，即以本应及通省盈余通融拨补，于常项无亏，而仓储可以渐充。各属买补粜缺谷石，俱仰合照此办理，荷蒙

硃批：该部知道。钦遵在案。台湾接济尤关紧要，自应照时采买以足补储，及时补仓。臣等现在督率藩司将历年拨运平粜价值逐加清查，通盘筹画，俟本年秋成后，相度情形，责成台湾郡地方官按照时价及时采买，以期渐次补足备贮之数。其从北路淡水、彰化等处买运，唯照价给发小船车工之费，核实造册报部核销。向后还有部驳谷石，均照此随时采买，通融筹补。统计台湾一郡每年运还内地兵眷兵米谷石，则于额征供粟内拨给，运往不需缺之。此外又有此备贮之四十万石，不但台郡储蓄有备无虞，即漳泉二郡如遇歉收米贵之时，可随时拨用，陆续买补，庶海疆积贮不致虚也。海宇黎庶感戴

圣恩于无既矣。所有现在拨运接济及将来筹补缘由，臣等合同缮折具

奏，伏乞

皇上睿鉴训示。臣等咨部存案，谨

奏。

乾隆十八年三月二十日奉

硃批：军机大臣会同该部速议具奏。钦此。

二月二十三

闽浙总督喀尔吉善等奏折：

拨运台湾米石接济漳泉二府

乾隆十八年二月二十五日（1753年3月29日）

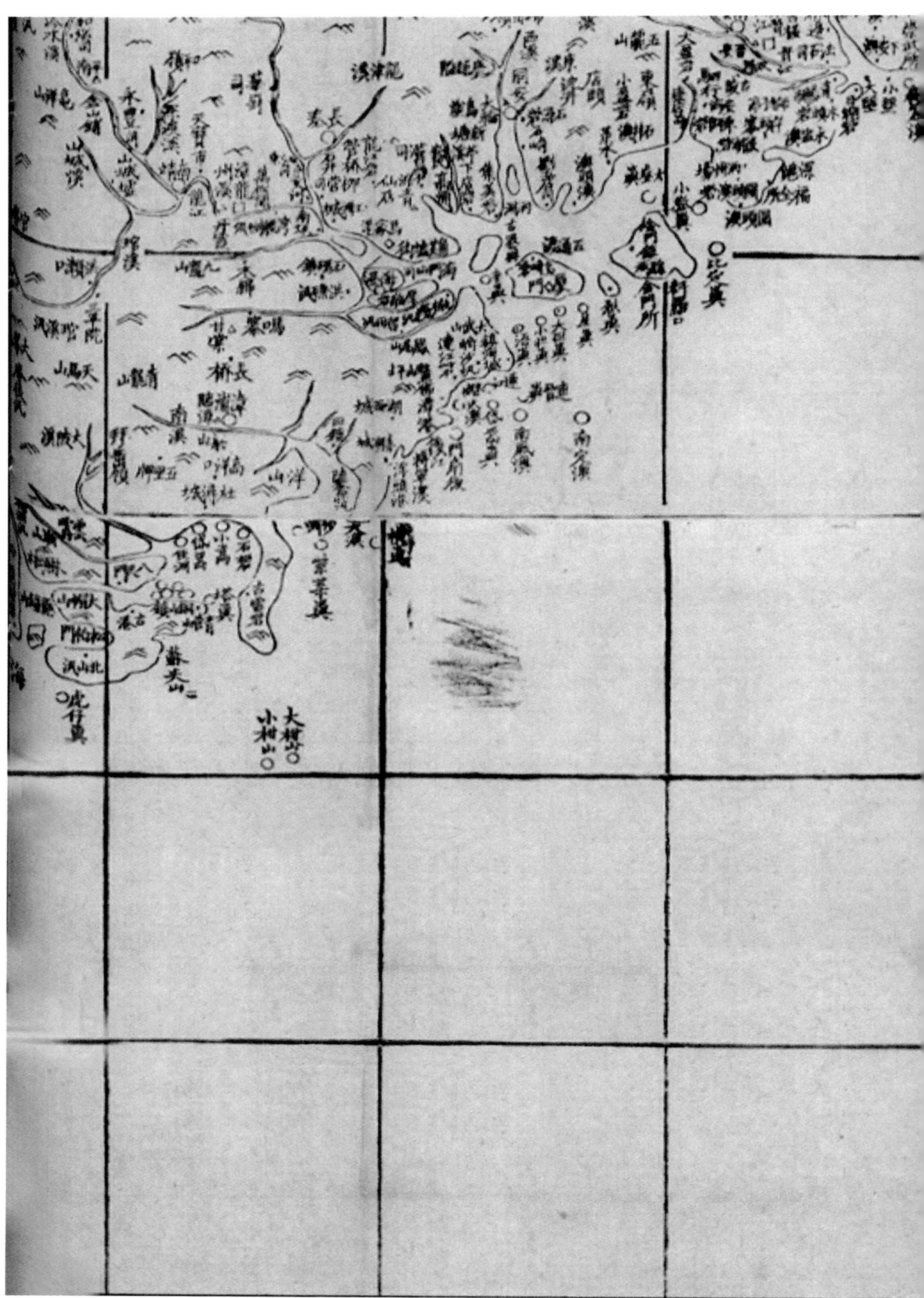
大柑山
小柑山

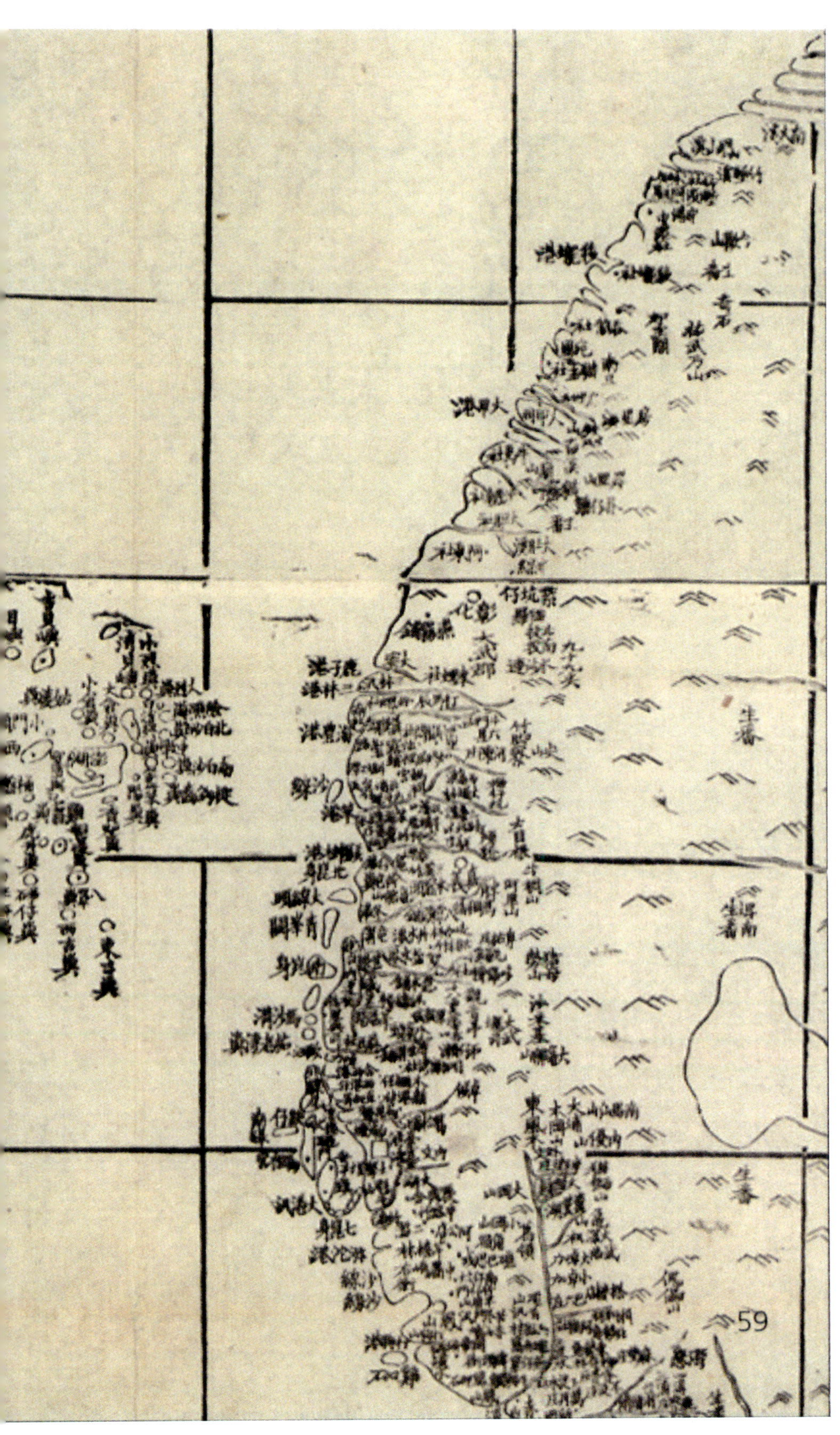

◎ 清代福建省图（局部）

◎ 台湾海船图

故則須原營撥補新舊往回則均須官弁管押

有無老弱充數則須各衙門逐層考驗及抵臺

以後因有瓜期視爲傳舍人鮮固志無事則逸

樂嬉游酗酒鬬狠賭博姦淫設遇調遣剿捕必

令熟番義民爲之前驅勝則攘功敗則諉過如

康熙六十年朱一貴跳梁南路義民共守八社

倉穀并助師成功雍正十一年南北兩路生番

滋事亦藉熟番義民護衛從征克奏膚功已有

明驗是以從前亦有議及不如做照內營改募

土著俾收羅其材技各自衛其室家可免一切

之周章非徒省額外之縻費顧以海外重地相

沿已久未便輕事更張臣於三月初七日途次

山東新泰縣境遇福建水師提督臣吳必達言

兵丁亦覺安頓匪易今或參用土著先行試看

查臺地班兵每年事故缺額自數十名至數百

名不等如遇缺額之時停其內地調撥責成地

方文武大員實心考察招募精壯土著有根柢

之人頂補俟試看二三年後人各振興奉公守

法著有成效即由漸募補不過十數年後可以

通行更換足數倘或應募寥寥及另有扞格難

行之處則仍可遵循舊制至臺地熟諳水務者

少如一律改募土著恐非所長似應將臺灣澎

湖二協水師兵丁四千餘名仍用內地水兵分

班更換益臺灣之通內地惟仗舟檝水師全用

內地兵丁以寓牽制其於海疆久遠之圖似有

禆益臣欽遵

諭旨謬紓管窺之見是否有當伏乞

皇上睿鑒謹

奏

乾隆三十一年　月　日

奏

湖廣總督臣定長謹
奏爲恭
奏事臣欽蒙
皇上垂詢臺灣兵丁换班之順應如何酌籌辦理仰
見
聖主矜恤士卒慎重海疆之至意伏思臺灣各營水
陸兵丁共一萬餘千名向由内地各標協營分
班撥戍三年更换在設立之始一緣臺地初闢
應募者鮮一緣新附之人恐難資捍禦一緣内
地派往兵丁室家繫念不致骩法原有深意然
揆之今日則情形逈異臺郡歸入版圖將及百
年生齒日繁向化已久即漳泉惠潮流寓客民
百倍於先多有產業家室除耕種貿易外其中
不乏精壯之材堪充營伍之選而内地戍兵既
不便准其攜帶眷口伊等隻身遠涉重洋風濤

及蒙
皇上詢問臺兵换班原委因彼此商酌意見大約相
同并據稱上年冬間督臣蘇昌赴厦門閱兵亦
云臺兵换班一事俟提臣吴必達
陛見回閩後從長計議等語是就今日臺地情形而
論惟有改募土著之兵似屬因時制宜之道但

湖广总督定长奏折：

陈台湾兵丁换班之见

乾隆三十一年（1766年）

隊

◎ 台湾清军士兵制服图

◎ 清兵图

三十一年八九十一等月修造完竣計至乾隆
三十四年八九十一等月已届三年修造之期
內綏字十號一船届應拆造委驗船身尚堪修
用應再大修一次准水師提督先後移咨飭司
委員逐加覆驗各船身槓具等項均請分別修
造出具無捏印結由司核造估冊呈送并聲明
福州廠緩修慶字五號臺灣廠再大修綏字十
號等二船共節省價貼運費銀四百七十八兩
零等由前來臣覆核此案拆造船一隻大修船
四隻再大修船一隻小修船一隻實係應行修
造之船並無冒濫除冊分案送部并各另疏具
題一面飭將舊料委員確估變價撙實造冊請銷
外所有福州臺灣二廠應修造戰船七隻緣由
臣謹遵
旨彙摺具
奏伏乞
皇上睿鑒謹
奏

知道了

乾隆三十五年八月初六日

奏

署理福建巡撫臣鍾音謹

奏爲奏明事竊照各省修造戰船欽奉

上諭各督撫將軍等一體寔力查驗毋任稍有冒濫

致滋弊竇仍令每次具摺奏聞欽此又奉

諭旨戰船舊料變價銀兩委員據實確估不必拘泥

成規定数欽此欽遵又承准大學士尹繼善等抄

録

奏准摺片行知嗣後修造船隻止須合摺彚奏以

歸畫一等因遵照各在案茲查閩省福州廠原

估報六隻一隻等事各案内届應修造閩安恊

標左營安字二號右營瀾字六號海壇鎮標左

營永字七號十一號十八號烽火營慶字五號

六號等戰船七隻内除永字十一號安字二號

慶字六號三船分別裁抵又慶字五號一船届

期小修委驗船身尚屬完好堪再駕駛一年應

行緩修外實應拆造瀾字六號大修永字七號

十八號等三船俱係乾隆三十年八九等月大

小修完竣計至乾隆三十三年八九等月已届

三年修造之期又臺灣廠原估報三隻等事并

[illegible]

署理福建巡抚钟音奏折：

查验福州台湾二厂修造战船数量

乾隆三十五年八月初六日（1770年9月24日）

西
南
東
沉水外汕
馬鬃沉水外汕
大港口
該汕沙土浮鬆海潮冲泒
鹿耳門
四草
安平鎮
七鯤鯓
臺灣府城
白沙墩後

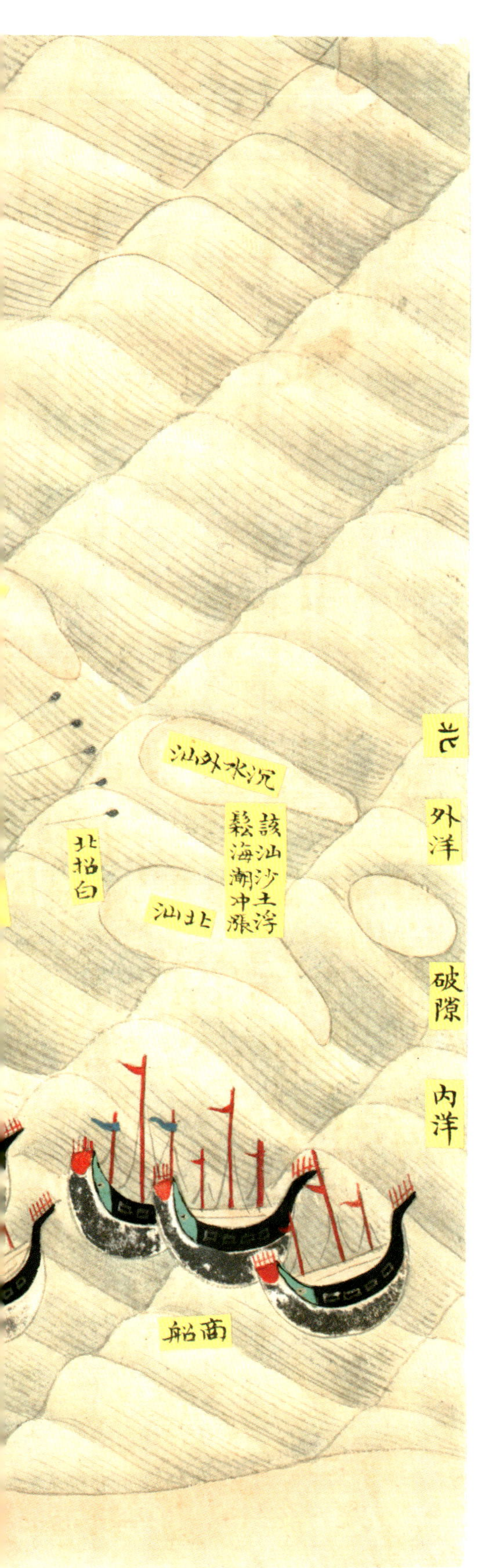

◎ 清代台湾彰化鹿耳港图（一）

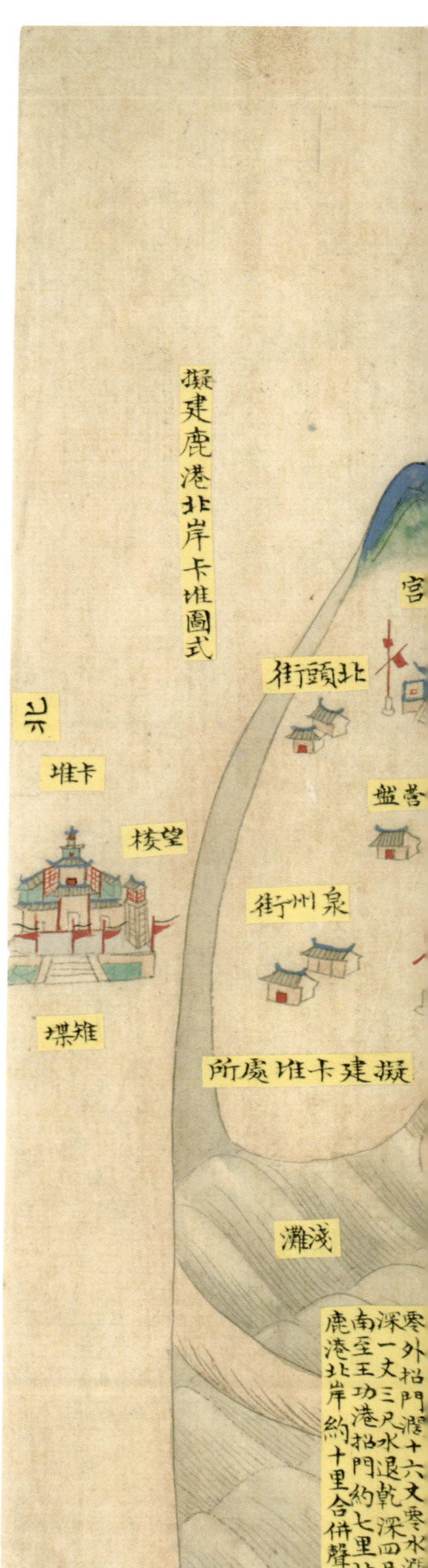

◎ 清代台湾彰化鹿耳港图（二）

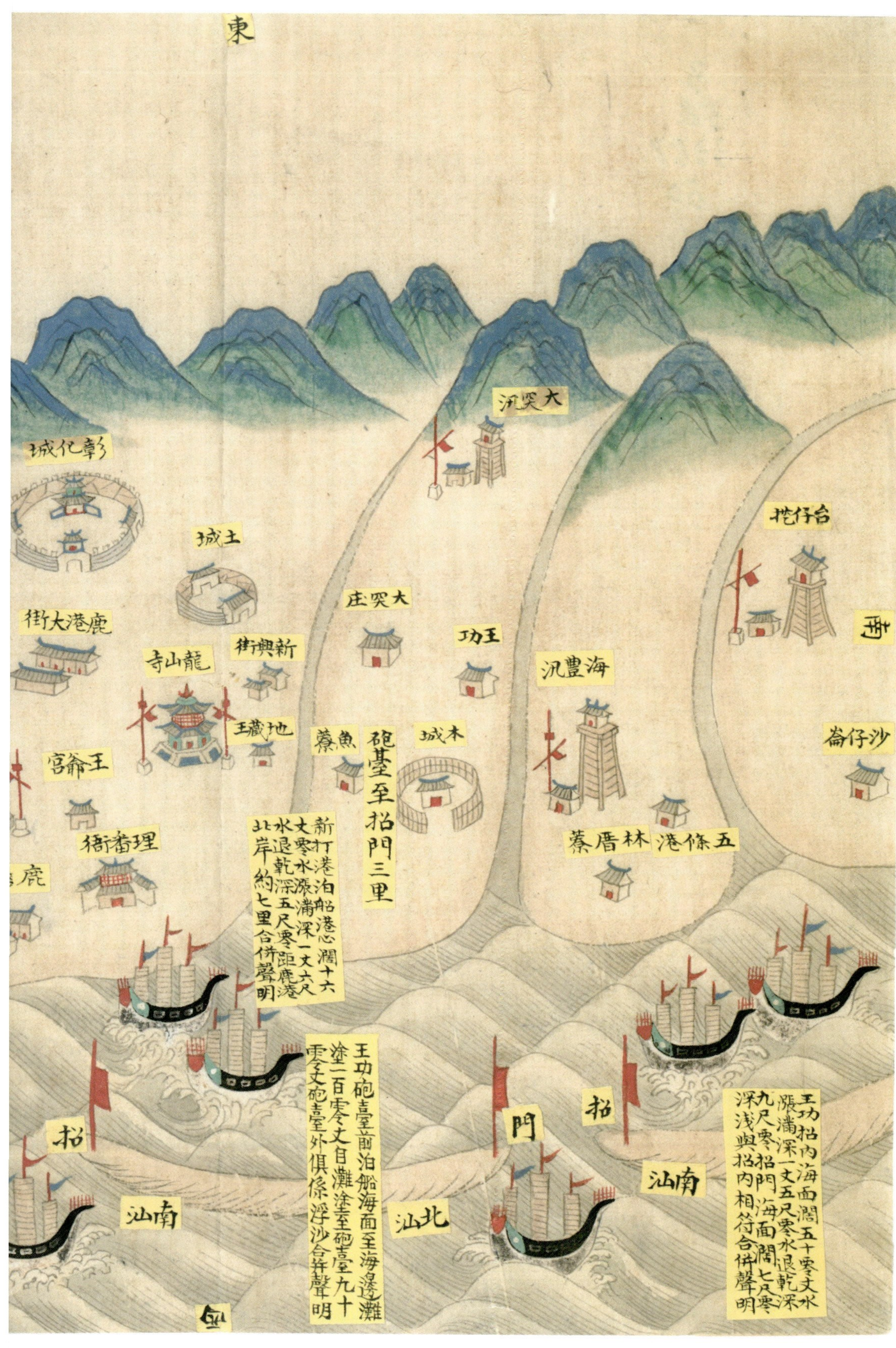
東
大突汛
彰化城
土城
台仔挖
大突庄
王功
鹿港大街
新興街
龍山寺
海豐汛
西
地藏王
魚寮
砲臺至招門三里
木城
沙仔崙
王爺宮
新打港泊船港心闊十六丈零水源滿深一丈六尺水退乾深五尺零距鹿港北岸約七里合併聲明
理番街
五條港
林厝寮
鹿
王功砲臺前泊船海面至海邊灘塗一百零丈自灘塗至砲臺九十零丈砲臺外俱係浮沙合并聲明
王功招內海面闊五十零丈水漲滿深一丈五尺零水退乾深九尺零招門海面闊七尺零深淺與招內相符合併聲明
招
門
招
南汕
南汕
北汕
南

回原籍之人不致阻其歸計積聚游民自必日
漸減少而於嚴查偷渡之事兩無所妨似於安
輯海疆清釐流寓之道稍有裨益是否有當理
合恭摺具
奏伏乞
皇上睿鑒訓示謹
奏
著照所請行該部知道

乾隆三十六年五月　十九　日

奏

署理福建巡撫臣鍾音謹
奏爲臺灣回籍民人宜稍變通成法以寓招徠事
竊照臺灣一郡遠隔重洋例嚴偷渡去來向俱
地方官查給印照俾汛口驗放原欲使不得輕
易出入以期海疆清肅百年以來閩粵兩省在
彼謀生之人日積日多一有失業遊手易生事
端前於捕治黃教案內欽奉
諭旨曰禁偷渡嚴飭查拏汛口及地方文武加重處
分各知儆惕屢有查獲惟思當此流寓人多凡
自內地渡臺者宜使之畏難而由臺地渡回者
又當使之樂易蓋緣在臺欲回內地歷由廳縣
查明給照汛口盤驗有照始准放行不肖胥役
刁悍兵丁因而措索留難每每畏足於是黠者
潛身偷渡懦者流落難歸臣愚以爲海濱客民
廣聚既不便輒爲查逐似宜隱寓招徠請嗣後
在臺情願回籍者概免給照准其自赴鹿耳門
總口將姓名年貌在臺在籍住址向船戶說明
開列總單即由船戶持交口岸員弁驗戳掛號
隨時放行仍令汛口將单內回籍姓名住址一
月一報臣衙門備案其南北一帶口岸不許內

署理福建巡抚钟音奏折：

变通在台客民回原籍验放之法

乾隆三十六年五月十九日（1771年7月1日）

臺灣原係
毛夷管轄
自我
康熙廿一年
秋始入版圖
東西一百里
一千七百
東界嵛內
西界澎湖
南界沙馬崎山
北界雞籠城
由鹿耳門放洋
至廈門重洋
水程十一更由
鹿港配渡至
蚶江水程八更
由八里坌拋
至五虎門五更
每更七十里

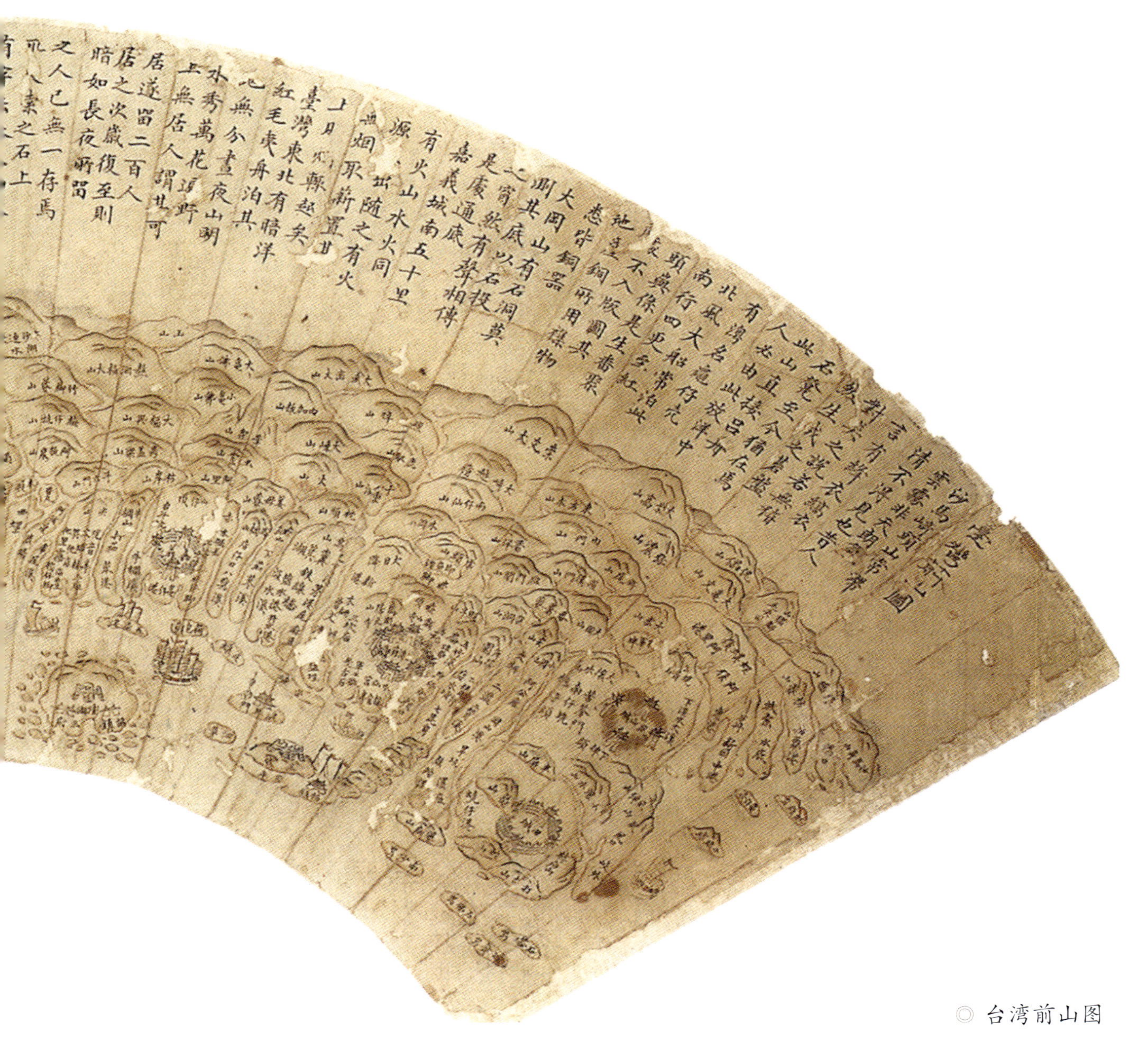

◎ 台湾前山图

厦始謀取臺灣會
荷蘭之通事何
斌通夷負釣鹿耳
門知港路深淺
說成功駢檣並進
水漲三丈餘入
據臺灣與荷蘭相
持甚久因喻之
曰臺灣係我先王
所有現存倭人
為尔等所據今還
我地貲貨無染
荷蘭悉衆而去至
康熙二十二年
鄭克塽歸順方入
版圖以承天府
為臺灣府天興州
為諸羅鳳山二
縣雍正二年分諸
羅北之半線為
彰化縣鳳山沙馬
崎之東南有呂木
宋居吳方廈門
杜七十二里北視
而高山一帶名
岩蹤山有沙馬拱
牛呂宋與土番處
於西北東南一
崎有數島脈
中與臺灣相近有
島曰紅頭有土
名居住其人拱
番語言不通類
來與漢人交易有
桑沙人來
全舟到
乙未嘉平月寫

◎ 台湾后山图

……甚悔他說係王爺一般的話小的不久就
回來了至什麼人為首起自何時共有多少黨羽小的實
不供不出來只求行文去問小的父親就是等語伏查張標
所寄家信內既有彰化王爺小刀會之語且張標亦稱彰
化有人身帶小刀遇事持刀相助是該處必有為首立會
之人同夥黨羽自亦不少又安知周丑等所供其黨夥皆係子
虛詭不肯供吐實情必須行查明確徹底根究務期盡絕
根株俟經錄供移會水師提督黃仕簡將侍在臺灣道
楊廷樺迅速查辦尚未覆到恭錄欽奉
諭旨除再遵
旨飛移黃仕簡併飭楊廷樺務將案內餘黨嚴拏全獲
查明小刀會名色起自何時首犯何人內地現獲之周丑等
是否會中黨羽刻日查覆俟覆到再嚴審定擬
具
奏外理合恭摺由驛先行覆
奏伏乞
皇上睿鑒謹
奏
乾隆四十八年正月二十六日奉
硃批知道了欽此
正月初十日

闽浙总督富勒浑等奏折：

遵旨严查台湾彰化王爷小刀会名单

乾隆四十八年正月初十日（1783年2月11日）

◎ 台湾彰化城

棠大紀揹率官兵堵禦臺灣道永福等招募鄉勇義民
協同官兵守禦自十二月初九初十十三十六十九二十六三十等日
打仗殺死賊匪甚多并有生擒賊犯搶獲刀鎗各器械逆賊
散而復聚甚屬猖獗此先後稽報之情形也察看臺灣五
方雜處逆匪於
先天化日之下胆敢恣行不法罪大惡極莫此為甚但此等多係
無籍匪徒烏合聚衆其向或被迫脅隨行者自必不少是
欲殲其渠魁必亟散其黨羽奴才先經飛檄示知臺地民人
現在帶領官兵進剿凡被賊匪迫脅隨行者速須解散
免致誤被刑誅嚴切曉示在案先閱賊匪于正月初四五等
日要來再攻郡城近奴才統領官兵到臺初四初五等日逆賊
不敢復來迫攻緣郡城最關緊要奴才隨將到臺官兵先
即一面分派四路堵截嚴加保固府城一面相機發兵進剿
日內陸路提臣任承恩亦即續帶官兵及金門南澳銅山
等標營兵丁到臺自可調度分發南北夾攻以期速殲逆
賊痛加剿洗重治收復各縣城地綏靖海疆所有奴才到
臺查辦情形合先恭摺由驛六百里奏
聞伏乞
皇上睿鑒謹
奏
乾隆五十二年二月十三日奉
硃批所奏已遲早有旨諭欽此
正月初五日

奏

黄仕简 到台查办情形

〇

二月十三日

抄

福建水師提督一等海澄公奴才黄仕簡謹
奏為奏
聞事。竊照臺灣賊匪攻城殺官，奴才聞報，隨即派調官兵船隻
力疾帶領登舟，東渡進勦，並將接准臺灣鎮道初報情
形，均經恭摺具
奏。自十二月十五日出口，連日俱遇頂頭暴風，狂浪洶湧，但臺
郡急望救援，奴才日夜在洋，親督各船鼓棹駕駛，衝風觸
浪，不避艱危，仰蒙
皇上福庇，所帶官兵船隻幸俱保固，于正月初三夜趁潮進入
鹿耳門，初四早登岸進城。所帶[illegible]月派調水陸官兵內
海壇鎮總兵郝壯猷及臺灣水師協副將丁朝雄、署福
州城守副將事長福營參將那穆素里亦于是日到臺。
查賊匪林爽文、王芬等糾夥謀為不軌，先於上年十一月
二十七日夜猝攻北路大墩營盤，所有[illegible]拏會匪之北路協副
將赫生額、臺灣鎮標中營遊擊耿世文、彰化縣知縣俞
峻先被殺害。又於十一月二十九日匪党數千攻彰化縣，因存城
兵力單薄不敵，縣城被陷。臺灣府知府孫景燧、理番同知
長庚、前署彰化縣劉亨基、署典史馮啟宗、北路協都
司王宗武俱被殺害。十二月初六日攻陷諸羅縣城，攝諸羅
縣俸滿臺防同知董啟埏、臺灣鎮標左營遊擊李中揚

福建水师提督黄仕简奏折：

查办台湾林爽文谋反情形

乾隆五十二年正月初五日（1787年2月22日）

副元帥黄、左都督林　卑傳番社口庄將軍賴權兄知悉
本月二十三日奉
大盟主軍令札到命飭照將轄下衆兄弟于此月二十四五六七一
連四日俱屯於母夜四更飽飯各帶飯包赶至當坑仔隘口
守把以防敵人犯界爾為將軍必須親領前陣人馬堵禦番
出各宜盡心竭力如果敵人來侵須率兄弟向前衝殺使
他片甲不回勿得臨时逃閃不前定按軍法毋違須單
伍月　　日傳

◎ 林爽文起义军军令

◎ 赤崁楼乾隆十大武功碑

獅仔社
草蘭埔
東勢角
泉州厝
海

◎ 林爽文之役清军与社番驻扎图

◎ 乾隆皇帝像

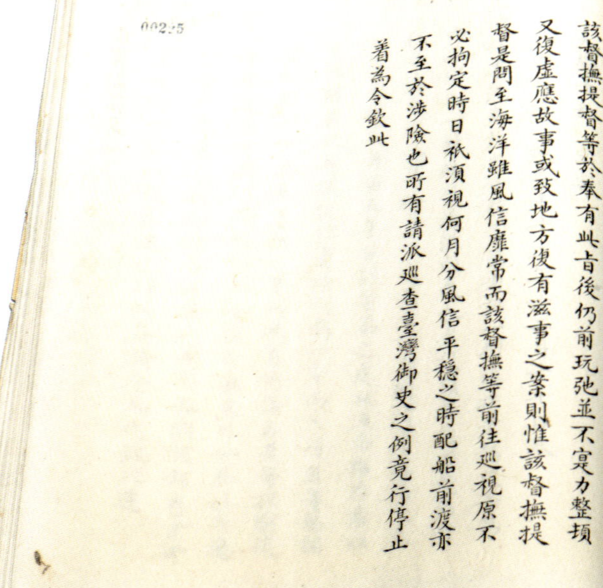

搽防一切孰勤孰惰及有無擾累生事之處尤易隨時查
察既足以資彈壓又可以整頓吏治戎行于海疆寔為有
裨再臺灣道府向来遇有缺出俱由該督撫奏請調補易
啓夤緣瞻狥之弊嗣後該處道府缺出俱着請旨簡放倘
該督撫提督等於奉有此旨後仍前玩弛並不寔力整頓
又復虛應故事或致地方復有滋事之案則惟該督撫提
督是問至海洋雖風信靡常而該督撫等前往巡視原不
必拘定時日祇須視何月分風信平穩之時配船前渡亦
不至於涉險也所有請派巡查臺灣御史之例竟行停止
着為令欽此

乾隆五十二年
十一月十六日起至
十二月二十八日止

乾隆五十二年十二月十七日内閣奉
上諭福建臺灣府孤懸海外遠隔重洋地方遼濶民情刁悍
無籍奸徒往往借端滋事皆由地方官吏任意侵婪累民
歛怨而督撫遇有臺灣道府廳縣缺出又以該處地土豐
饒不問屬員才具能勝任與否每用其私人率請調補俾
得侵漁肥槖所調各員不以涉險為虞轉以得調美缺為
喜到任後利其津益貪黷無厭而於地方案件惟知將就
完結希圖了事以致奸民無所畏憚始而作奸犯科互相
械鬥甚至倡立會名糾衆不法遂爾釀成巨案總因歷任
督撫闒茸廢弛地方吏治竟不可問從前歷任督撫業經
身故者今不復追治其罪此外如富勒渾富綱雅德等亦
姑免其深究但經此次大加懲創之後海疆重地不可不

乾隆皇帝上谕：

福建台湾府孤悬海外着督抚与水陆提督每年轮流渡台整顿吏治

乾隆五十二年十二月十七日（1788年1月24日）

硃 硃 硃

稱王叛逆顯然實為天理所不容該逆在洋稽誅十餘年 不必如此敘聞諸只要速擒
逆匪要
皆因亡命走險一時未能捦獲今果竄呼負嵎大兵一到則烏合
之眾不難盡數殲捦此實該逆罪惡貫盈自投羅網也現在
臺灣鎮道俱在府城守禦一俟李長庚大幫兵船趕到 水師有
兵三千餘名陸路班兵有一千四百餘名兵力已厚足資剿捕
惟續又接據臺灣府知府馬夔陞等稟報嘉義縣所屬之笨港
錢線橋等處蔡逆又勾結匪徒洪老四等乘機滋事該府現同署
都司陳得光等領兵役義勇前往緝捕但計路地方遼闊 兵力
單薄請撥內地官兵過臺等情又據鹿港同知黃嘉訓
稟稱鹿港口岸現無賊匪之報往來閩粵現今營協
力堵捕各等語臣查嘉義縣之蕭壠鐵線橋等處係府城
北路要隘賊匪梗塞道路不通前閩安雖臣已令南路
提臣王柄於提標本營內挑選兵丁五百名就近調撥
撥兵丁一百名派委營員經出兵之署興化協副將什格
並准臺灣南路營參將呂英林二人統領得挑選營弁

硃 硃

守鎮標兵張見陞所帶兵船及集回署副將什格等
所配兵船六隻於十二月十六日自鹿赴崇武海口對渡
放洋對渡鹿港並飭令張見陞於抵鹿港時即將兵
船守住港口俾兵船商艘來去疏通不致梗
阻至提督李長庚統帶大幫舟師於十二月初
七日由廈門放洋後至今未得到臺攻剿作速之員
實不勝焦灼查臺灣遠隔重洋風信靡常
又恐不能如期而至現在未得攻捕情形不得不預為
籌備是以臣復飭派省標兵丁暨省兵五百名作為
起汀州漳州兵丁暨省兵五百名作為二起延平建
寧兵丁暨省兵五百名作為三起寧兵備為不用勿
致臨時周章仍俟接到臺地攻捕賊匪情形另行
奏明辦理臣現在派省兵過臺勦緝由謹同提
馳
臣李殿圖提臣王柄合詞恭摺馳
奏伏乞
皇上睿鑒謹
奏 嘉慶十一年正月初四日奉
硃批即有旨欽此

十二月十六日

闽浙总督玉德奏折：

蔡牵窜入鹿耳门请派官兵渡台会剿

嘉庆十年十二月十六日（1806年2月4日）

◎ 蔡牵海上起义警示碑

◎ 清军与蔡牵海上作战图

【第三部分】
经营全台　开发同功

统一台湾后，清政府开始开发经营全台，移民台湾人数日益增长。乾隆五十四年（1789年），闽浙总督福康安奏请明设官渡，给照验收，以杜绝私渡之弊。闽粤移民渡台拓垦进入了新的阶段，民间掀起了一股移民台湾和开发台湾的热潮。随着移民的到来，台湾的开发程度不断加深，开发范围不断加大，经济水平也不断提升。

当时对台湾的开发，主要集中在农业经济上，重点是以台南平原为中心，向四周尤其是向北部发展。随着移民越来越多，中部和北部的荒野也得到成片的开发。从康熙统一台湾到咸丰年间，台湾西部和宜兰、埔里社等地理条件较好的地区，均被开发成为丰饶的稻米产区。

台湾农业作物除稻米外，嘉南平原的许多旱田，还种植甘蔗、番薯和花生。从康熙中期起，南部甘蔗生产便发展起来。农民在水田里种水稻，在旱地里种甘蔗。因此，以浊水溪为界，北部以稻米为主，南部则是稻蔗间作。每年秋后，甘蔗成熟，台湾乡间到处可见压榨蔗汁的石碾。

随着两岸经济往来的扩大，台湾的一些商业口岸迅速发展起来。康熙二十二年（1683年）闽台贸易合法化后，官粮、官盐等运输大大促进了运输业和贸易中心的发展，笨港（北港）、旗后（高雄）、八里坌、艋舺等地，成为台湾西部的重要口岸。随着大陆与台湾民间来往增多，清政府陆续开放两地之间的三条航线，航线上的港口，如台南、鹿仔港和艋舺成为台湾繁荣的商业中心，是商贸往来枢纽和两岸货物集散地，史称“一府二鹿三艋舺”。当时的鹿仔港，“烟火数千家，帆樯麇集，牙侩居奇，竟成通津矣”。艋舺则“居民铺户约四五千家，外即八里坌口，商船聚集，阛阓最盛，淡水仓在焉。同知岁中半居此，盖民富而事繁也”。

在开发台湾的过程中，大陆迁台移民与台湾少数民族也不断互动融合。雍正二年（1724年）以前，为保护番地，清政府规定，汉人不能直接开垦番社的土地。后来为了土地开发、增加生产，清廷允许汉人开垦番地，但要求汉人需先和熟番达成协议以取得土地。18世纪开始，台湾兴起一项“水田化”运动，大规模兴修水利工程，以把荒埔变成水田。“水田化”运动最早在彰化平原展开，接着往北部、东北部发展，最后推行到高雄。由于水圳流经区域辽阔，中间要经过熟番的土地，番民也主动参与，与汉人协力共同开凿水圳。

乾隆元年（1736年），乾隆帝谕令将台湾四县丁银悉照内地之例酌减，次年，下谕称“朕思民番皆吾赤子，原无歧视，所输番饷，即百姓之丁银也。着照民丁之例，每丁征银二钱，其余悉行裁减”，“务令番民均沾实惠”。乾隆五十年（1785年），福建巡抚徐嗣曾带领30位归化番社的通事、土目，入京觐见乾隆皇帝。清代台湾的番社由南往北，逐步归化，据统计，熟番番社的数目总共达154个之多，清政府对台湾少数民族的管理政策逐见成效。

皇仁謹將南路八社番婦納糧之苦據實密陳伏乞
聖明鑒察可否特頒
恩旨將八社番婦納糧之處准予豁免出自
皇上天恩其所免之穀三千六百餘石係屬年額正
賦不便缺少查有各番鹿場地土或祖與民人
或被豪强侵佔耕種臣現在飭行清查務令盡
行查出着落承墾之人納穀陞科以補此額則
正賦無虧而八社土番男婦生生世世感戴
皇恩矣是否可行伏候
聖裁爲此密摺謹
奏

此等正爾等封疆大臣之所應陳奏者朕
豈與爾等爭此小譽乎具題來候部議

雍正叁年肆月 初肆 日

奏

福建浙江總督臣覺羅滿保謹
奏爲奏請
聖裁事臣查臺灣徵收錢糧北路諸羅縣土番止納
社餉男丁銀兩南路鳳山縣八社土番則照男
丁女口納米每米一石折穀二石內男丁一千
七百四十八丁每丁徵穀二石以至二石六斗
并三石四斗不等番婦一千八百四十四口每
口徵穀二石此皆僞鎮鄭成功時所定之額未
經改正伏思
聖朝輕傜薄賦愛養萬民現在臺灣民丁每丁止徵
銀四錢七分六釐並無婦女完納米穀之例即
北路諸羅縣土番亦止男番完糧並無女番糧
額獨此鳳山八社番婦尚循舊額每年納穀三
千六百八十八石土番之中惟鳳山八社更爲
窮苦番婦俱隨男番終年捕鹿耕種供賦情殊
可憫我

闽浙总督满保奏折：

请豁免台湾八社番妇纳粮

雍正三年四月初四日（1725年5月15日）

◎ 番社采风图之舂米

◎ 番社采风图之耕种

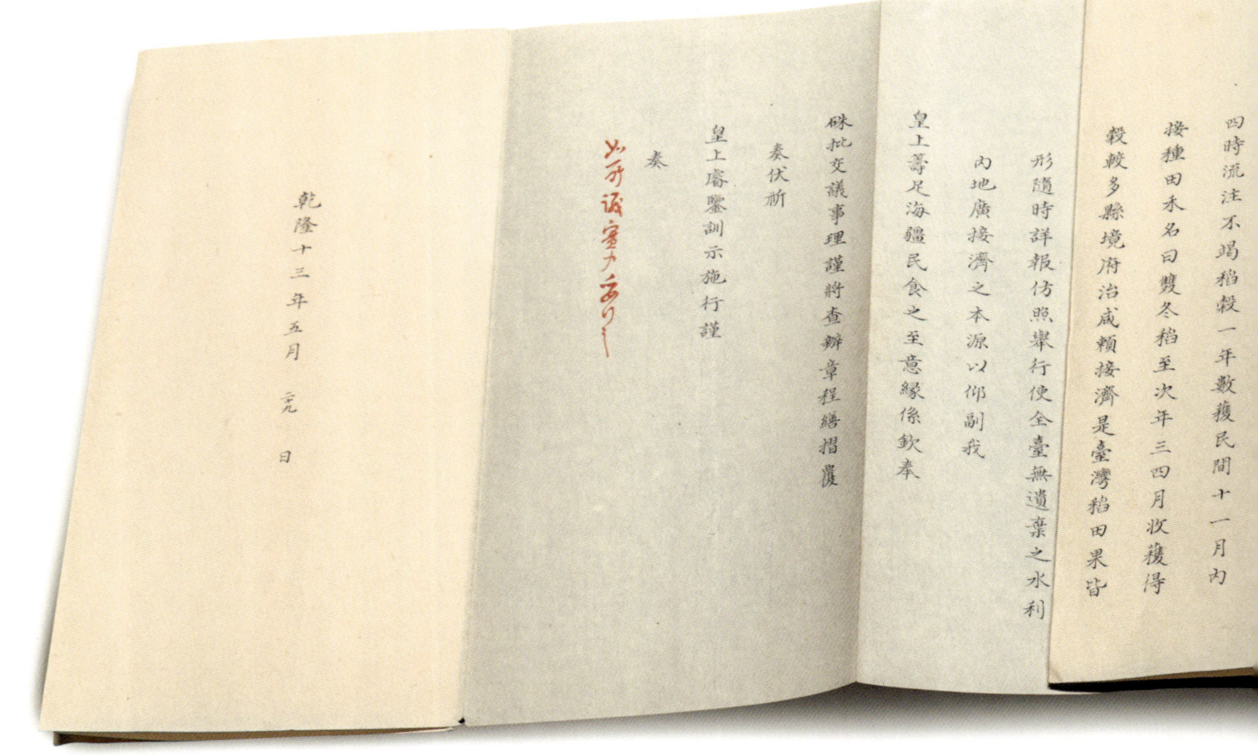

閩浙總督臣喀爾吉善
福建巡撫臣潘思榘 謹

奏為遵
旨查議具奏事乾隆十二年九月初四日准福州將
軍臣新柱移交奏摺一件內開為請興臺灣之
水利等事竊照民食首重農功農功必資水利
查臺灣一府土地饒沃產米最多不獨全臺民
食有餘即漳泉龍巖各府州屬亦資接濟近年
以來偷渡日眾戶口滋蕃以致米價漸昂臣蒙
皇上天恩俾鎮海疆重任無時不以地方民瘼為念
如有利濟農田可資民食之事敢不殫竭愚悃
詳察情形為我
皇上陳之伏查臺灣形勢南北綿亘一千五百餘里
東西徑直七八十里至三四十里不等各屬田
畝東傍大山西鄰於海山水自東而西千支萬
派散漫直注其間溪河與田畝高下相懸每至
六七丈及十餘丈不等既難車戽復難瀦蓄雖
有可灌之水莫濟農功之用兼之臺郡天時每
年惟四五六七等月陰雨連綿無虞乾旱正二
三及八九十十一十二等月晴霽為多即得雨

闽浙总督喀尔吉善等奏折：

台湾各属兴修水利工程以济农工

乾隆十三年五月二十九日（1748年6月24日）

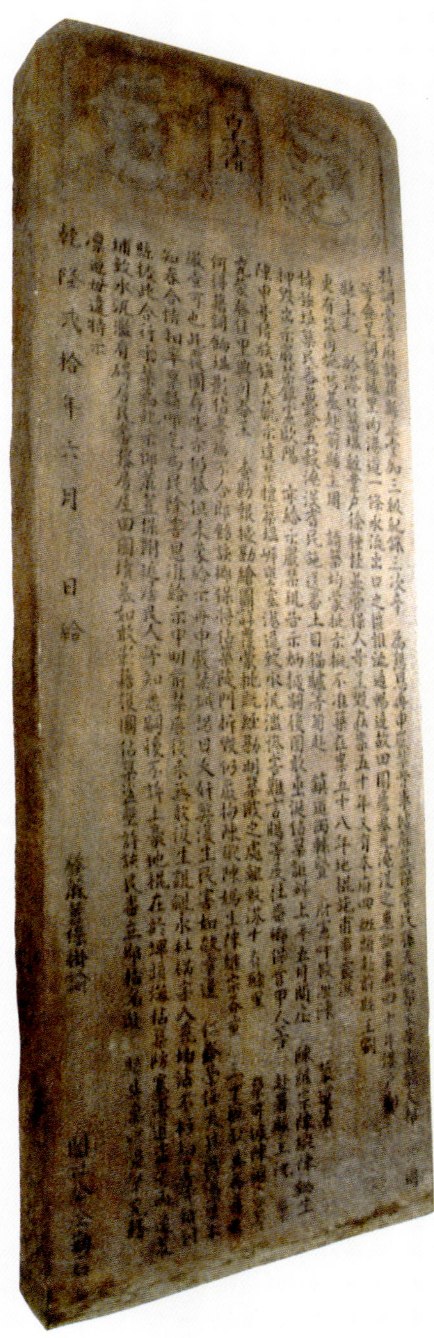

◎ 台湾严禁侵夺埤头港水道告示碑

◎ 林秀俊开凿的台北大湖十四份埤圳

之番苗予惟在封疆大吏知内外之辨適輕重之
宜規其遠大示以威信勿狥屬員之請而冐昧生
事勿因細微之過而責望太深固我疆圉綏懷異
域如是而已着一併傳諭湖廣川陝兩廣雲貴福
建各督撫共知之欽此遵
旨寄信前來伏查閩省惟臺灣一郡民番雜處自展
復以後過臺人衆生齒日繁民勢益盛番勢益
衰嚮化熟番原有地畝多被漢奸侵騙以致生
計日蹙而往來差使換班兵丁應用夫車又令
番黎承值未免苦累乾隆三年仰蒙

聖諭番苗宜令自安番苗之地内地之民宜令自安
内地各不相蒙可永寧謐誠千古不易之
明訓也至琉球國入
貢夷使撞礁碎舟荷蒙
皇上格外天恩賞給修費一千兩頂戴
鴻慈感深肺腑據布政使永寧詳報該國夷使具呈
恭謝
天恩經臣會同督臣喀爾吉善據情代
奏其存留官伴人等照例安頓館驛委員加謹防
範惟恐官役通事需索陋規復密札司道細加
訪察期於奬賓肅清兹蒙
睿慮周詳多方訓誨臣惟有仰遵
諭旨規其遠大示以威信益加謹凛以副
皇上綏輯邊疆之至意耳所有奉到
諭旨及臣欽遵辦理緣由理合繕摺覆
奏伏祈
聖鑒謹
奏

覽奏俱悉

乾隆十四年六月 初三 日

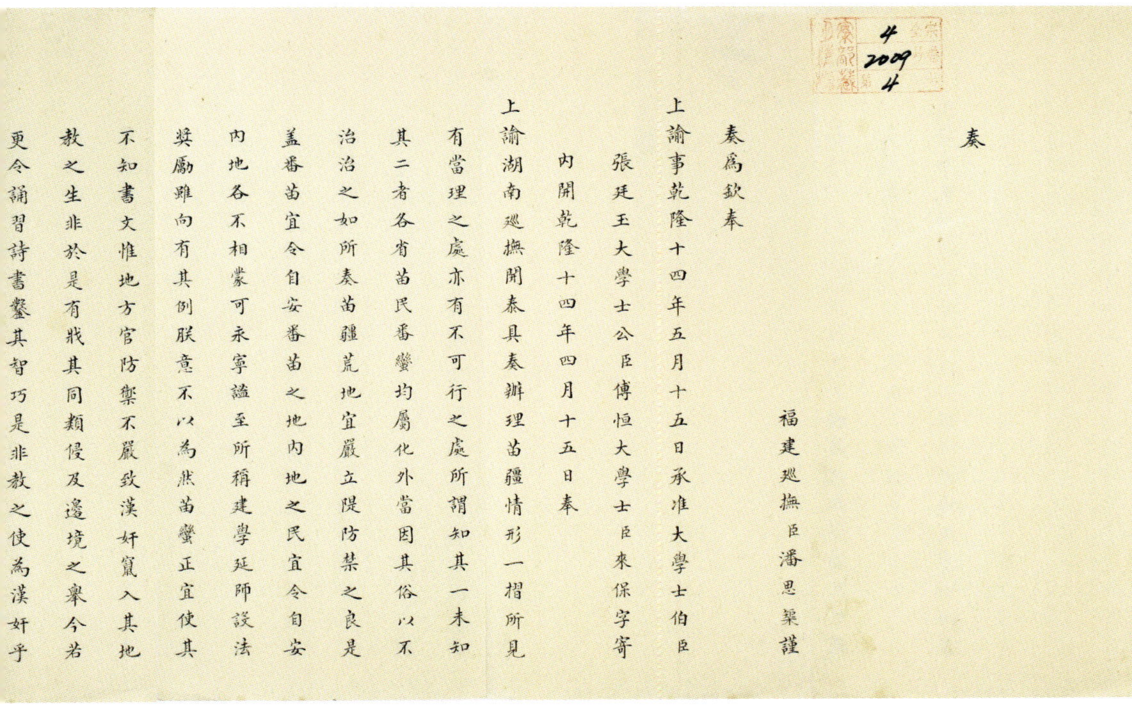
奏

福建巡撫臣潘思榘謹

奏為欽奉

上諭事乾隆十四年五月十五日承准大學士伯臣

張廷玉大學士公臣傅恒大學士臣來保字寄

內開乾隆十四年四月十五日奉

上諭湖南巡撫開泰具奏辦理苗疆情形一摺所見

有當理之處亦有不可行之處所謂知其一未知

其二者各省苗民番蠻均屬化外當因其俗以不

治治之如所奏苗疆荒地宜嚴立隄防禁之良是

蓋番苗宜令自安番苗之地內地之民宜令自安

內地各不相蒙可永寧謐至所稱建學延師設法

獎勵雖向有其例朕意不以為然苗蠻正宜使其

不知書文惟地方官防禦不嚴致漢奸竄入其地

教之生非於是有戕其同類侵及邊境之舉今若

更令誦習詩書鑿其智巧是非教之使為漢奸乎

聖恩軫念窮番毋許漢人贌買番地嗣將應用車輛

准其動項僱覓積困已甦上年又蒙

皇上恩允於捐監穀內酌撥二萬石分貯淡水臺灣

鳳山諸羅彰化一廳四縣以為青黃不接之時

借給無力番民資其力作現在熟番莫不感激

天恩不敢妄生事端其山後生番雖有戕害漢人之

事然多係漢人深入生番地界抽藤弔鹿或希

佔其草地致被殺傷亦非生番無故逞兇屢經

福建巡抚潘思榘奏折：

处理台湾民番杂处问题并勘定番界明立界规

乾隆十四年六月初三日（1749年7月16日）

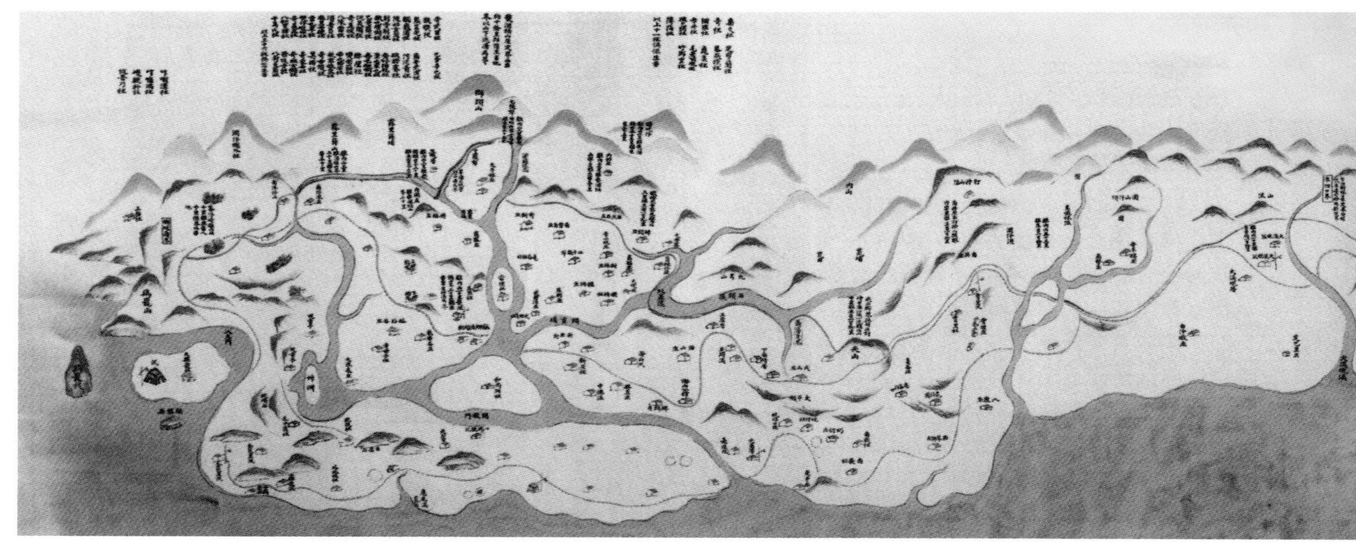

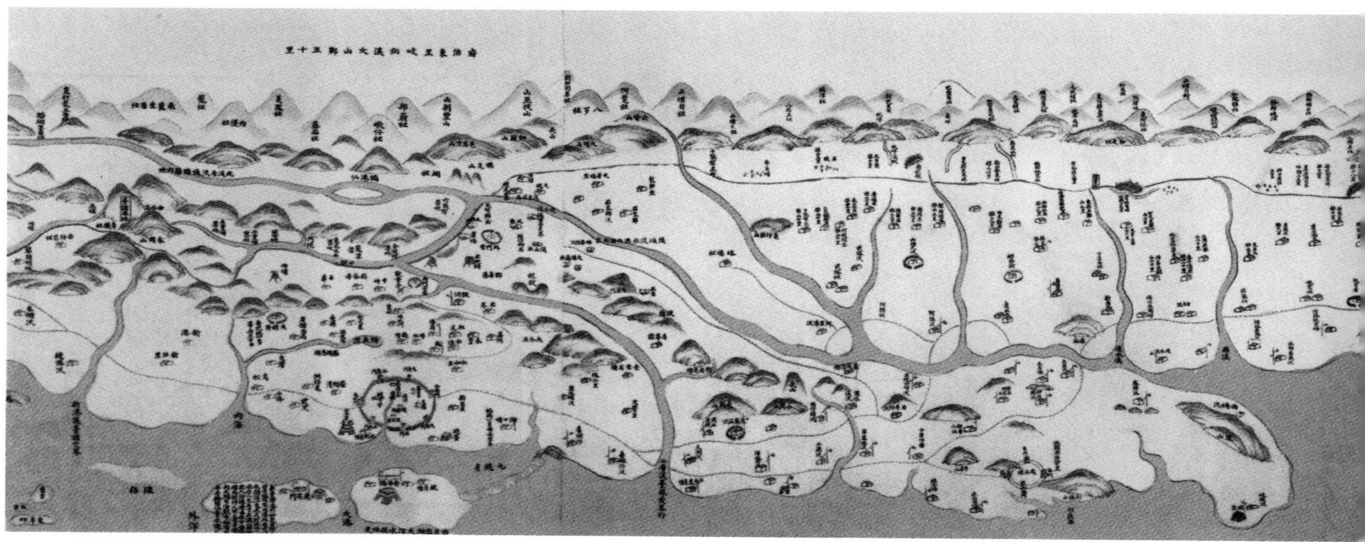

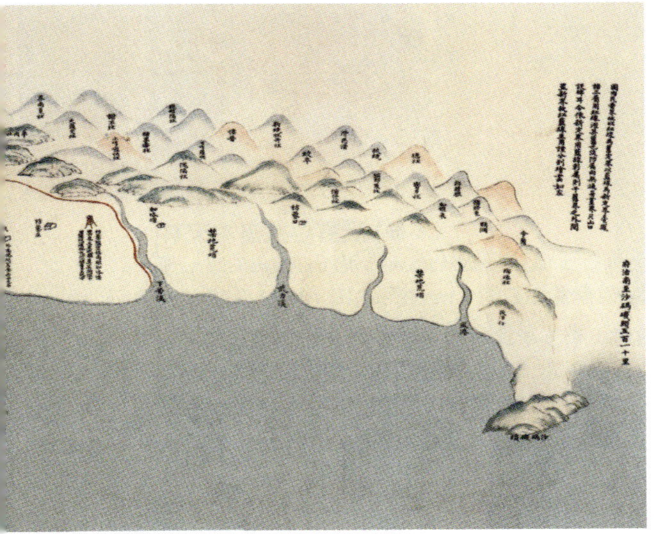

◎ 乾隆中叶台湾番界图

007

日

駐蹕承德府行宫

十七日戊申内閣奉

諭旨本日召見德成據奏

天后神廟向來止係地方私祭從未春秋官為致

祭等語從來有功德於民能禦大災能捍大患

者俱列祀典沿海處所勅建

008

天后神廟屢著靈應而福建湄州係

神原籍現在臺灣大功告成官兵凱旋來往遄行

安穩仰荷

神庥疊昭

靈貺允宜特著明禋用彰崇報著翰林院撰擬祭

文發往嗣後該督撫於

天后本籍祠宇春秋二季敬謹蠲潔讀文致祭以

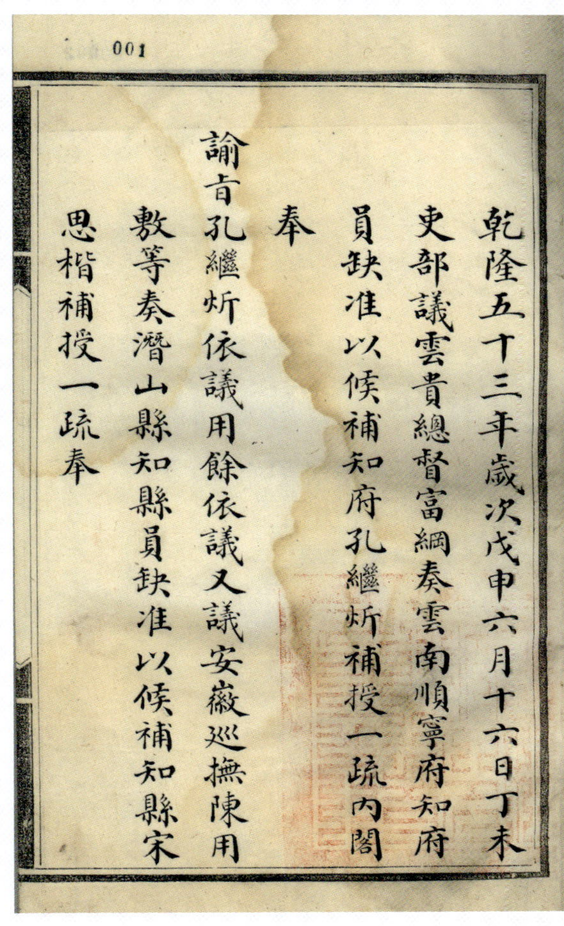

001

乾隆五十三年歲次戊申六月十六日丁未
吏部議雲貴總督富綱奏雲南順寧府知府
員缺准以候補知府孔繼炘補授一疏內閣
奉
諭旨孔繼炘依議用餘依議又議安徽巡撫陳用
敷等奏潛山縣知縣員缺准以候補知縣宋
思楷補授一疏奉

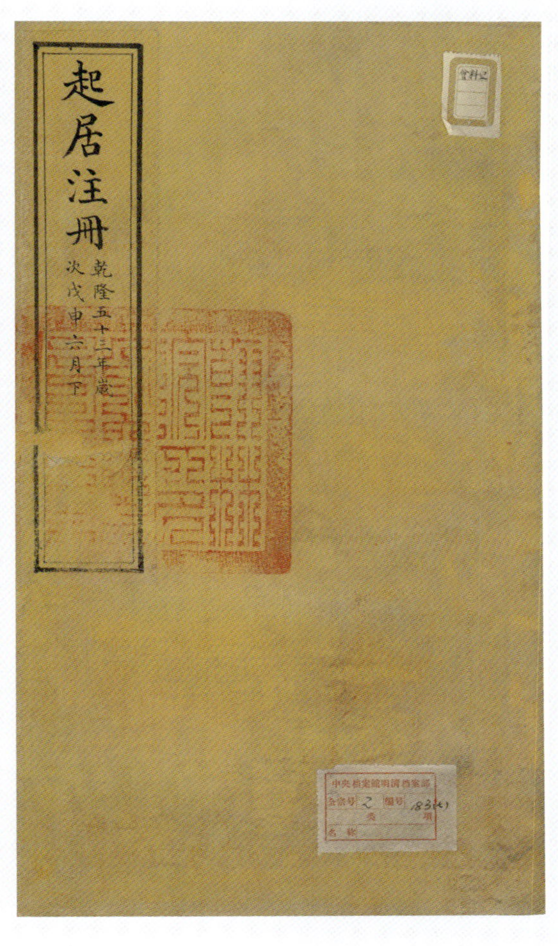

起居注冊
乾隆五十三年歲次戊申六月下

乾隆皇帝谕旨：

为谢天后台湾显灵助剿着闽浙督抚春秋二季致祭湄洲天后祠

乾隆五十三年六月十七日（1788年7月20日）

◎ 福建莆田湄洲天后祖庙

◎ 妈祖圣迹图之托梦护舟

0085

風信靡常商民並不遵例對渡往往因牌照不符勾串丁役捏報遭風既可私販貨物又可免配官穀弊竇甚多應行酌改章程等語商船往來販易駛赴海口自應聽其乘風信之便徑往收泊若必指定口岸令其對渡不但守風折戧來往稽遲且弊竇叢生轉難究詰現在臺灣未運官穀積壓至十五萬餘石之多皆由商船規

0086

避不運所致不可不速籌良策著照方維甸所請嗣後准令厦門蚶江五虎門船隻通行臺灣三口將官穀按船配運即實在遭風船隻尚堪修理載貨者亦不得藉口遭風率請免配以杜假捏之弊其責成丞倅等將船照內核實註明分別咨報以便到臺後配運官穀並層層稽查互相考核之處均著照該督所請行該部知道

0083

二十八日辛巳内閣奉
諭旨賽沖阿等奏遣犯奇明阿復由吉林脫逃一摺據稱該犯前曾脫逃五次疊經拏獲投首並審明交旗嚴行管束今復脫逃等語該犯奇明阿不服管束疊次脫逃其前此或由拏獲或係投首如何分別辦理摺內並未分叙明晰今脫逃已至六次除降旨查拏外將來拏獲時作何

0084

治罪倘係投首又如何辦理之處著刑部查核具奏并將該犯從前不服拘管原案一併查明
奏聞又奉
諭旨方維甸奏商船貿易口岸牌照不符官穀難運酌議三口通行一摺據稱臺灣商船向來鹿耳門港口對渡廈門鹿仔港對渡泉州蚶江八里坌港口對渡福州五虎門各有指定口岸然

嘉庆皇帝谕旨：

闽台商贸口岸着以鹿耳港、鹿仔港、八里坌港对渡厦门、泉州、福州

嘉庆十五年五月二十八日（1810年6月29日）

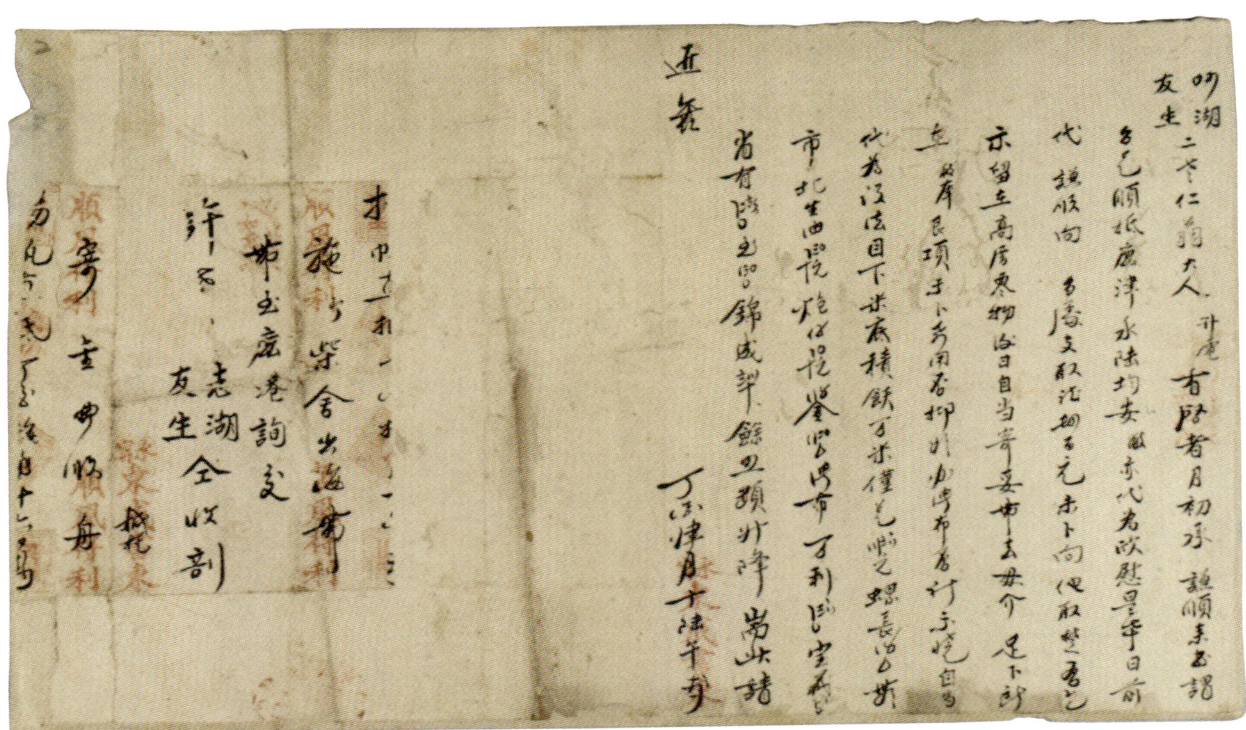

◎ 十九世纪末鹿港商人许志湖文书总单

◎ 汐止泉源商行

◎ 台厦郊实业会馆匾额

◎ 晋江蚶江与台湾鹿仔港对渡碑

◎ 台湾贸易港

◎ 福州贸易港

政使孫爾準詳稱查臺灣府屬按年額運內地
各廳縣倉兵穀例應商船配運開銷脚費銀兩
前於嘉慶十六年及二十三年兩次因臺屬積
欠兵穀甚多曾經
奏明專僱商船委員前赴臺灣押運有案今既據
臺灣道查有存灣未配穀六萬八千餘石似應
准其按照兩次
奏明僱船裝運之案飭令厦防蚶江二廳專僱大
號商船三十六隻派委文武員弁及防船兵丁
各帶砲械分幫前赴臺灣府之鹿耳門鹿仔港
八里坌三口裝載穀石運回內地由厦蚶二廳
僱備小船轉運各倉交收其運穀脚費行令厦
防蚶江二廳按照例價先行墊給俟運穀報竣
赴司領回歸款在船督運之將備弁目及每船

各穀上緊嚴催趕運外所有專僱商船赴臺運
穀緣由臣謹恭摺具
奏伏乞
皇上睿鑒再福建巡撫係臣本任毋庸會銜合併聲
明謹
奏
知道了
嘉慶二十五年九月　二十九　日

奏

兼署閩浙總督福建巡撫臣韓克均跪

奏為專僱商船前往臺灣裝運內地兵米眷穀恭

摺具

奏仰祈

聖鑒事竊照臺灣府屬歷年以來應運內地各廳縣倉兵米眷穀未據配運完竣經臣節次嚴催提運去後旋據福建臺灣道葉世倬稟稱臺灣鳳山嘉義彰化四縣未運各年新舊兵穀已據臺鳳嘉彰四縣運澚待配穀四萬六千餘石又臺灣鳳山二縣徵存嘉慶二十二年以前存倉供穀二萬二千餘石儘數撥付嘉義彰化二縣運補內地二十二年以前積欠兵穀共存澚待配穀六萬八千餘石聽候撥船配運因通年各口商船日漸稀少致有積壓請照嘉慶十六年二

……

防護兵丁移請水師提督金門鎮酌量派撥兵丁口糧按照緝匪之例在於生息項下動支督運文員統俟穀石運竣回內分別拔委等情詳請具

奏前來臣伏查臺灣應運內地各倉穀石有關支給兵糧現在存澚未配者已有六萬八千餘石之多自應俯如該司道所請准其專僱商船委

兼署闽浙总督福建巡抚韩克均奏折：

专雇商船前往台湾装运内地兵米眷谷

嘉庆二十五年九月二十九日（1820年11月4日）

◎ 台湾港口与船只

◎ 台湾船“万寿号”模型

◎ 福州船模型

◎ 厦门商船模型

石小舟亦須設為正口以通貿易而便稽查俱
俟臣回省與督臣趙慎畛妥商有無格碍再行
具
奏辦理臺地民人向係漳泉粵三籍各分氣類動
輒械爭其實有田有廬之人類皆畏事野處農
民尤為樸愿惟有孤身游手尋工覓食之輩喜
滋事端無識者從而附和近亦頗知畏法第游
民既多盜賊猶不免時有竊發現經道府督飭
所屬廳員嚴緊緝捕獲盜頗多又於保甲之外
力行清莊之法選平時為衆所信服之人令其
各就本莊挨戶清查毋許容留匪類並按戶輪
派壯丁夜間擊柝巡邏一有賊盜鳴鉦共捕互
為聲援與內地所辦連結之法相似臣到處抽
查門牌丁口大略相符沿途鄉村耆老迎接詢
以地方情形俱稱安靜早稻均已收齋約有七
八分不等晚禾俱經栽插一望青蔥園蔬雜糧
亦均芃茂諄飭廳縣勸諭商販源源運米接濟
漳泉民食至應買補從前內地及臺灣動缺倉
穀因天津米石甫經運竣據該道府詳請暫緩
採買應請准其俟冬間晚收之後再行察看斟
酌辦理途中多有生童接見者叩其所學緣地
無書籍見聞未免孤陋淡水以北則如十三經
註疏二十一史俱稱聞其名而未見其書臣許
以回省購寄分貯學宮書院俾得就閱均各色
喜所有生番伏處內山無由得見各路熟番屯
丁俱由屯弁通事土目人等帶領迎候臣賞以
銀牌紅布等物令通事剴切傳諭宣揚
聖主德威勉以守法安業該番等咸知感悚間有以
民番交涉田園事件呈訴者臣立飭有司傳訊
清理大約番性惷愚其初為漢奸所誘將田典
贌漢奸佃種其後欠租佔踞久假不歸皆不能
免查番丁田業免輸租賦例不許漢人典買實
國家矜恤番黎之至意豈容漢奸違例謀佔杜其
衣食之原所關甚大因即嚴飭將田追還原主

數年之後土漸堅凝逐漸加高方能鞏固臣察
核情形尚非虛語以上鳳山縣城尚待籌款興
築噶瑪蘭土城工程未竣彰化縣磚城業已竣
工現飭該縣造具實用工料并捐戶姓名銀數
清冊均俟回省與督臣趙慎畛商酌聯銜具
奏至於整飭吏治綏靖海疆鎮道府三人均關緊
要臺灣鎮明保業已丁艱接督臣趙慎畛知會
欽奉
上諭令臣等於總兵各員內保舉一員奏請調補容
臣會商督臣另行保
奏臺灣道孔昭虔臺灣府方傳穟於公事盡心講
求俱能和衷商榷率屬有方廳縣內除臺防同
知管適儀不勝要缺業經臣於抵臺後附片
奏請撤回內地酌量補用外餘俱因海外要地慎
選調補現無不能勝任之員教職佐雜及試用
各員俱已徧經接見詢事考言加以訪察內有
鳳山縣下淡水縣丞段光烇人地未宜應即飭
回內地其撥臺差遣各員內有不能勤慎之員
亦即飭令內渡再行察看餘俱堪循分供職所
有臣沿途察看地方情形年穀順成民番樂業
全境敉綏堪以上紓
聖廑理合恭摺具
奏伏乞
皇上聖鑒臣拜發奏摺後即由噶瑪蘭回至滬尾登
舟出八里坌口內渡合併陳明謹
奏

知道了

道光四年七月　初九　日

奏

福建巡撫臣孫爾準跪

奏為巡閱臺灣地方情形并應行籌辦各事宜恭
摺具
奏仰祈
聖鑒事竊臣奏奉
俞准過臺巡閱茲已自南至北徧歷一周隨處留心
諮訪除考閱營伍另摺陳
奏外臣查臺灣處大海之中以澎湖為門戶距澎
湖海程五更約三百里其地西臨鉅海東倚連
山其山內山後皆係生番所居不通往來郡縣
所隸之地東西自山麓至海濱約二三十里及
六七十里不等自極南鳳山縣之沙馬磯頭起
至極北淡水廳之艋舺止袤延一千餘里皆係
坦途自艋舺至噶瑪蘭之南關三百餘里越三
貂嶐嶐二嶺山峻路險則自東折而向南已在
連山之後矣此全臺之形勢也南路鳳山縣氣
候最暖四月間早稻即已登場迤邐而北為臺
灣嘉義彰化諸縣淡水一廳氣候漸寒至山後
噶瑪蘭最冷收穫較遲縣治幅員臺灣最小袤
僅四十里廣六十餘里嘉義彰化適居其中氣
象開廓土地肥饒而郡城乃設於臺灣縣者緣
其初祗有鹿耳門一口可通舟楫嗣後添設鹿
仔港八里坌兩口目前鹿仔港口門沙淤漸形
淺狹舟行頗難而內山谿水奔匯入海別開一
港介在嘉義彰化之間名曰五條港臣紆道前
往履勘寬約數里港水甚深數千石之巨舟通
行無滯現據臺灣道府詳請將五條港開設正
口則商賈稱便而於配運官穀尤為大有裨益

管業其謀佔之人按律懲究屯餉一項散給屯
弁屯丁支領之外向有贏餘嗣因水衝沙壓番
丁又不善經理多有荒廢前經督臣趙慎畛附
片
奏明飭委臺防鹿港二廳查辦臣詢據二廳面稟
屯餉埔地皆近山畸零之地非履勘丈量不能
劃清經界應俟收穫之後方可履畝丈量臣諄
囑其實力奉行秉公勘丈仍查照督臣原奏俟
辦竣後妥議具
奏至城垣為地方保障臺地沙土浮鬆性不膠粘
兼以不時地震城垣易於損壞向惟郡城及嘉
義縣設有磚城臣周歷閱視間有被雨淋塌之
處即飭修補其彰化縣城係該縣紳士殷戶捐
建本年四月間甫經落成臣順道履勘委屬工
堅料實足資捍衛又鳳山縣舊城在興隆里因
乾隆五十二年林爽文滋事焚燬移治埤頭栽
竹為城從前議築磚城或謂宜在興隆里或謂
宜在埤頭屢飭道府勘辦所見不同迄無定論
臣往兩處查勘埤頭地勢散漫全無形勝且有
埤水一道自西南來穿城而過夏秋之間水勢
甚盛故西南一隅俱係浮沙城基斷難堅固因
傳集士民詢其願在何處建城僉稱埤頭土薄
水淺地苦潮濕不如舊城興隆里地勢塏爽沙
迴氣聚臣查勘興隆里舊城雖已殘廢尚有基
址可辨其地介居龜蛇兩山之間龜山近臨雉
堞俯瞰城中是以難於守禦然不過培壅之山
並非高峻移城稍向東北則去蛇山較遠將龜
山圍入城中居高臨下實據形勝隨令度以弓
丈計周圍一千餘丈較舊城基址八百餘丈僅
增二百丈該處距郡城不及百里聲勢聯絡距
海口五里便於控制惟工程頗鉅
國家經費有常未便濫請容俟另行籌措噶瑪蘭
原議栽種九芎樹為城據通判呂志恒稟稱經
前任屢次栽種不能生根難望長成現栽莿竹

福建巡抚孙尔准奏折：

巡阅台湾地方情形并应行筹办各事宜

道光四年七月初九日（1824年8月3日）

◎ 林天木台湾巡视图（局部一）

◎ 林天木台湾巡视图（局部二）

撥營各還堅固大號兵船一隻，移派統帶

之員及弁兵砲械前往運回，均由廈防

蚶江二廳僱備小船轉運各倉，以免一

次船隻不敷裝載，分作兩次運完。所有

防護兵丁按照歷屆之例給予口糧，詳請具

奏前來。臣查臺灣代買漳泉二府秋穀，並

無腳費可領，未便令商船陸續搭配，今

以撥歸返回兵船赴臺裝運，既可節省

運費，並使倉儲得以早歸實貯，應如該司

所請辦理，除咨行水師提鎮撥學查照

並飭臺灣府嚴督各廳將應行買

穀二萬二千四百石趕緊買足運漳，俟

撥回案派撥兵船搭續往運外，臣謹

恭摺具

奏。伏乞

皇上聖鑒，再閩浙總督係臣兼署，毋庸

會銜，合併陳明。謹

奏。

道光十二年九月初六日

硃批：知道了。欽此。

九月二十九日

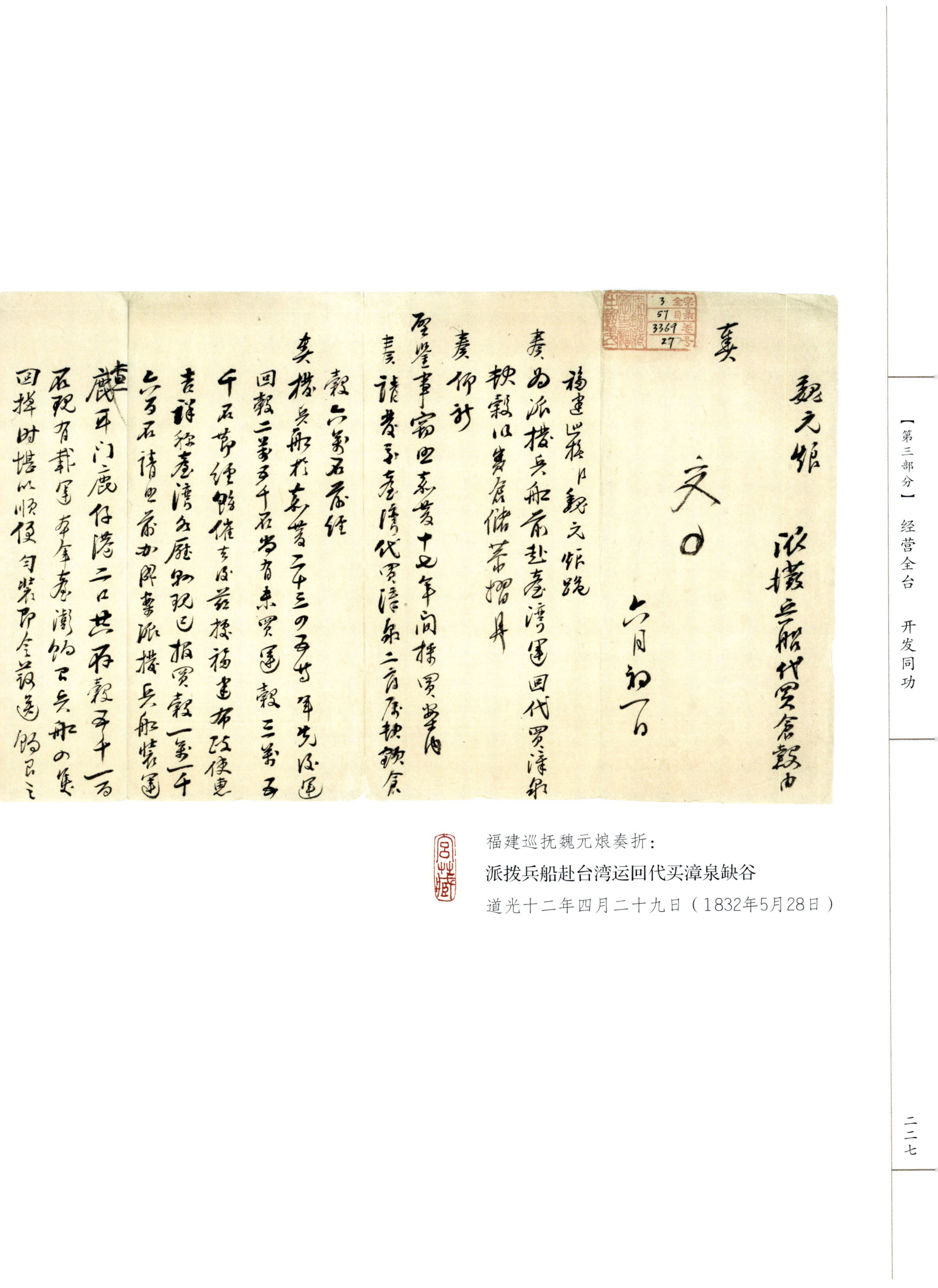

福建巡抚魏元烺奏折：

派拨兵船赴台湾运回代买漳泉缺谷

道光十二年四月二十九日（1832年5月28日）

◎ 清代台湾淡水港

區米船到關例得免稅該地方官何得任聽胥吏
橫索致令商販不前近年兵米何以多改折價以
致進口米少如果屬實不可不嚴行飭禁至江浙
亦係連年荒歉一經採買其困更甚自係實在情
形著程祖洛魏元烺會同悉心妥議出示曉諭廣
為招徠臺商運米到口可否免其船稅照驗放行
並嚴禁弁兵索詐諸弊倘查有接濟盜賊情事即
嚴行懲辦毋稍寬縱將此諭令知之欽此伏查閩
省臺灣一郡向為產米之區沿海各府廳縣兵
糈民食皆資接濟從前臺郡每年配運內地及
澎湖各倉兵穀七萬餘石眷穀二萬餘石嗣因
船隻漸少欠運增多兵眷不能隨時支領經前
督撫臣奏蒙
諭旨允准自道光八年起將眷穀二萬餘石改解折
色少運兵糈仍即留充商販紬於彼者贏於此
內地民食不致因之轉減米船到口定例不徵
稅銀商販罔不周知弁兵胥役無可藉端需索
即商販亦不肯任聽指作欠稅留為下次苛算
又臺灣米石例禁越省販運非遇
奏弛海禁給有印照沿途不能放行洋面舟師又
復星羅棋布梭織巡防出口進口俱有稟報閩
各口岸弁兵胥役毋許稍有需索留難仍時加
訪查倘敢陽奉陰違嚴行拏辦并將該管文武
從重參處一面分飭上游各府於藏穀之家勸
諭運糶務使民食充餘商情踴躍以期仰副
聖主愛育黎元之至意謹合詞恭摺覆
奏伏乞
皇上聖鑒謹
奏

知道了

道光十三年十一月初三日

奏

奏為商運米石進口例不徵稅查無索詐諸弊遵
閩浙總督臣程祖洛
福建巡撫臣魏元烺 跪
旨示諭招徠以裕民食恭摺覆
奏仰祈
聖鑒事竊臣等承准軍機大臣字寄奉
上諭有人陳奏福建全賴臺灣米石從前籌議兵米
十餘萬石之外聽商人運米進口內地每米一石
制錢不過二千上下近來兵米多改折價進口之
米已少商人運米到口弁兵等以稽查私貨為名
百般橫索其不遂意者指為掛欠船稅登記簿內
下次進口按年苛算歷年商人欠稅者多視為畏
途片帆不至民間米價每石制錢六七千文不等
該撫不能查察海口遇有歉收向浙江江西等省
採買舟車運載費用浩繁況江浙連年大水米價
昂貴一經採買其昂愈甚又臺灣之商既困於閩
中海口勢必遠載謀利其運至浙江乍浦江蘇上

或因風漂收他省口員亦皆確查詳稟隨時斟
酌辦理是商運米石並無畏累不前以及遠載
謀利接濟盜賊諸弊近年以來實因臺灣生齒
日繁糧價較前增長販米者未能獲利轉虞虧
本兼之連歲風潮疊發漂失頻聞此所以赴臺
之船較稀而進口之米日少也上年臺郡收成
歉薄又值匪徒滋事商船受雇載兵載餉米販
益稀不得已
奏請撥款赴浙江江西二省各採買米十萬石以
備協濟迨後米船已有進口隨經
奏明將江西之米停止撥運浙江亦減為買米二
萬石此因偶值臺陽不靖事出權宜其常時到
口米船雖比昔年較稀並非片帆不至溯查閩
省數十年以來內地每米一石至賤賣錢二千
餘文至貴賣錢四千餘文上年冬間漳泉二府
間有賣至五千文者僅止旬日旋即平減亦無
賤至二千文以下及貴至六七千文之事臣等
竊維食為民天必須未雨綢繆多方籌畫省會
人烟稠密食指浩繁全賴臺灣及上游各府米
販源源而來以資接濟即興化漳州泉州福寧
各府地皆濱海田乏膏腴得遇豐收亦賴益之
以客販臣等惟有隨時體察臺灣內地兩處情

闽浙总督程祖洛等奏折：

商运台米进口例不征税

道光十三年十一月初三日（1833年12月13日）

◎ 清代福州全景图绘

内地全赖商民航海运往销售以资衣食，若照外夷通商之例一体增税，则该商等运往售卖价值势必增昂，于小民日用殊有窒碍。臣等与广东抚臣详加体察，应请仰恳

圣恩，嗣后商船载运茶叶、绸缎、湖丝等项前赴台湾销售，仍照旧例按则输税，免其增加，以济民用。惟榷税既照旧则，难保奸商不藉端影射，运赴他处，或竟与夷商交易，致滋偷漏，自应赓立稽查章程，以杜弊窦。查台湾民间需用锅铁，向由该处铺户按年请照贩运，藉资稽查，察自可仿照办理，俾请嗣后凡有台湾商民来至内地买运湖丝、茶叶、绸缎者，令其先赴台湾该管地方官衙门呈报，请领印照，注明斤重数目，由内地海关委员等即凭所执印照查验征税，准其出口运赴台地正口销售，不准越赴他处。台湾地方官于给照之时，将该商姓名、请运货物并斤重数目报明台湾防、鹿港、淡水各口厅员查照，该商返棹回台，无论由何口登岸，均即照案稽查，如斤重数目上盖用该厅员印信，俟该商船回内时，由海关委员等吊验印照，如有台口印信者，即发回原衙门查销，否则押送就近地方官查讯，照例究办。如此分别严查，自可免走私偷漏税之弊。至浙江之宁波、乍浦及江苏之上海等口与台湾一帆可达，各商民往来贸易络绎不绝，其贩运茶叶、绸丝赴台销售[illegible]亦恐有，併请

敕下浙江、江苏各督抚臣仿照闽省现议章程办理，俾臻严密。此外尚有琉球国夷人在闽贸易，恭顺输诚，其回国之时向有带买茶叶、丝绸，应请毋庸禁止，以示怀柔。是否有当，理合会同福州将军兼管闽海关印务臣保昌合词恭折具

奏，伏乞

皇上圣鉴训示。谨

奏。

道光二十二年十二月二十二日奉

朱批：钦此。

十一月二十二日

闽浙总督刘韵珂等奏折：

台湾民用茶叶丝缎请照旧例贩运输税并酌议稽查章程

道光二十三年十一月二十二日（1844年1月11日）

◎ 淡水工人拣选茶叶图

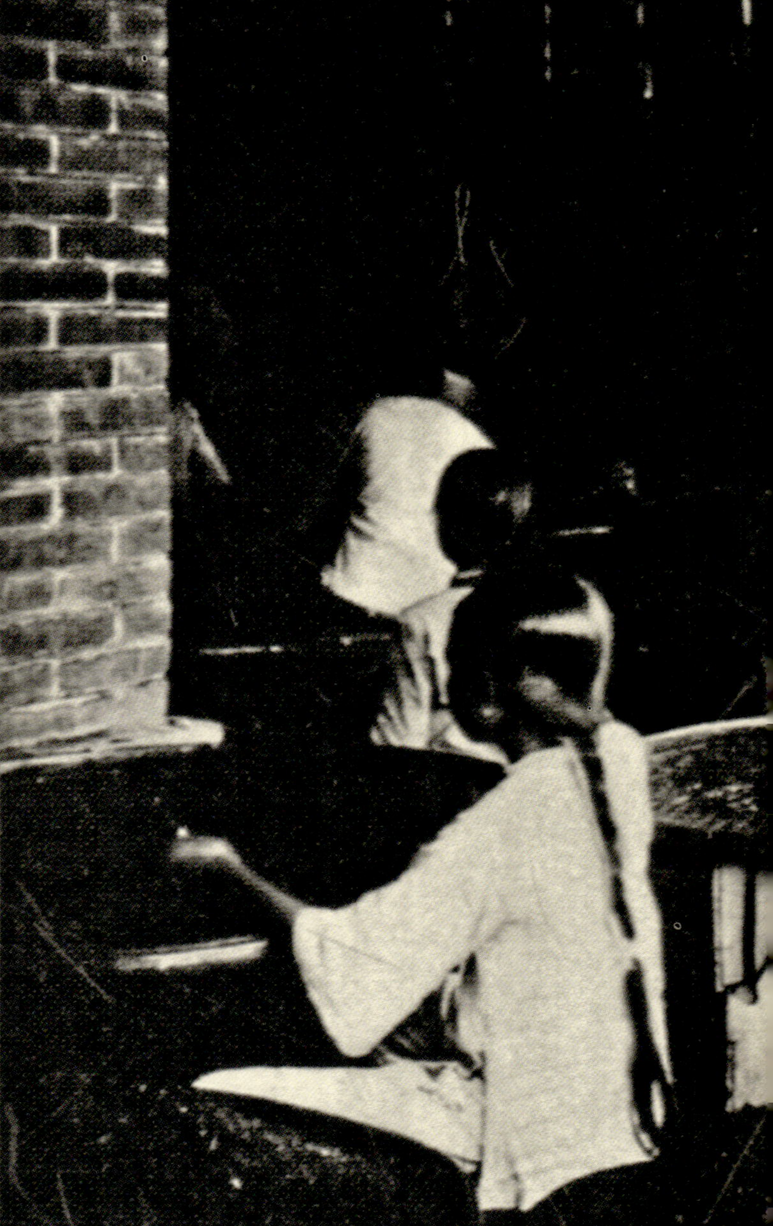

◎ 晚清台湾女工在挑茶

00214

00213

興未便因封禁在先即膠執拘泥不與查辦各
等語臣等竊思生番既已薙髮易服似未便拒
而不納惟該番羸居崖谷惟類犬羊此時獻地
投誠保無有漢奸懷詐挾私潛為勾引即使真
意樂從而無知之俗未經教化豈有恒心恐其
鼓舞於前仍復頑梗於後儻佳里興兇番種落
與該番爭擾相仇勢必為之用兵驅逐煽動全
番在在可慮且該社等處山嶺重雜草木蒙翳
創建工程非數年之紛煩不能竣事開闢地利
非數年之耕耨不能成熟縱按兵授田幸可帖
然無事而利之所在弊即叢生恐將來所入不
敷所出非此時豫料所及總之多一地方即多
一部署多一部署即多一紛更與其滋悔於後
何如慎重於先與其遠騖以圖功何如豫防而
思患斟酌機宜所關非淺重洋遠隔懸揣為難
既據該督奏稱究竟番情果否悅服地勢有無
險阻尚須周歷詳勘應請
旨責成該督於明年二三月渡臺時親閱情形悉心
體察通盤籌畫務出萬全既不可拂遠人向慕
之誠尤不可疎內地防維之計果有確見再行奏
聞以便分別覈辦所有臣等會議各情伏乞
皇上訓示再此摺係內閣主稿合併陳明謹
奏

00212 00211

臣穆彰阿等謹

奏為遵

旨會議具奏事本月初九日閩浙督臣劉韻珂等奏

臺灣生番輸誠內附獻納各社輿圖請歸官開

墾一摺奉

硃批大學士軍機大臣會同該部議奏欽此臣等伏

查臺灣孤懸海外設立道府廳縣民番雜處控

制維艱水沙連番地等處久立界碑以杜私墾

誠以臺灣民情浮動儻與番類勾連必至釀成

巨案例禁綦嚴道光四年前督臣趙慎畛等因

該處衿民屯弁呈請開墾水裏埔裏二社番地

恐別生事端奏請於入山隘口設汛專防禁止

偷越奉

上諭開墾一事嗣後不必開端永當禁止欽此仰見我

皇上洞悉番情明無不照於包含徧覆之中仍寓杜

漸防微之意臣等曷勝欽佩查二十一年前給

事中朱成烈奏請墾臺灣曠地以每歲所入供

福建海防之費經前督臣顏伯燾等奏稱生番

性兇嗜殺難以相安所入亦屬無餘莫若聽其

荒蕪較為妥協等語奉

硃批依議欽此欽遵各在案茲據閩浙督臣劉韻珂

等奏稱水沙連六社生番薙髮易服輸誠內附

獻納各社輿圖籲請歸官開墾並稱水裏等社

大学士穆彰阿等奏折：

遵旨会议台湾生番献地输诚请归官开垦

道光二十六年十一月二十六日（1847年1月12日）

親兵
親兵
親兵
親兵
親兵
親兵

◎ 台南生番归化图

起見故當請移埤頭則曰興隆居民甚少迨後
[illegible]
已遷回將埤頭居民亦諭令遷徙無論舊城地
窄勢不能容即有隙地而該居民等移駐埤頭
休養生聚已數十年安土重遷又誰肯輕去他
鄉兼之龜山屹立城中大雨即成災浸埤頭之
民更不肯[illegible]
埤頭則地[illegible]
利當移建埤頭論輿情亦當移建埤頭也既據
該縣紳民蔣鵬飛等聯名呈叩應請俯順輿情
仍援前
欽差大學士公福康安奏請移駐之案即以埤頭地
[illegible]
恭摺具
奏並將新舊二城繪具圖說恭呈
御覽伏乞
皇上聖鑒訓示謹
奏

軍機大臣會同該部議奏
圖二件併發

道光二十七年九月　十五　日

奏

閩浙總督臣劉韻珂跪

奏為臺灣鳳山縣新舊二城條酌今昔情形請定
新城為縣治以順輿情而資控扼恭摺奏祈
聖鑒事竊惟建設城池原所以保衛民生捍禦寇患
固貴相度地利尤貴體察輿情地不適中則難
資策應情不協順則易啓怨咨從古量地制邑
度地居民未有不使措施胥得其宜官民各安
其所而可致祥和之休者臺灣鳳山縣城原建
於興隆里地方乾隆五十一年林爽文滋事失
守經
欽差大學士公福康安以該處逼近龜山之麓地勢
低窪居民甚少氣象亦甚局促奏請移駐埤頭
插竹為城迨嘉慶十一年蔡牽滋事埤頭新城
復又失守經前任福州將軍賽沖阿以埤頭戶
口無多且距海口較遠議請移回舊治奏奉
臺灣道孔昭虔等勸諭官民公捐銀兩查照方
維甸等原定界限建築石城於道光六年八月
一律完竣厥後臺灣道府議留議遷迄無定論

闽浙总督刘韵珂奏折：

查明台湾凤山县新旧二城今昔情形请定新城为县治

道光二十七年九月十五日（1847年10月23日）

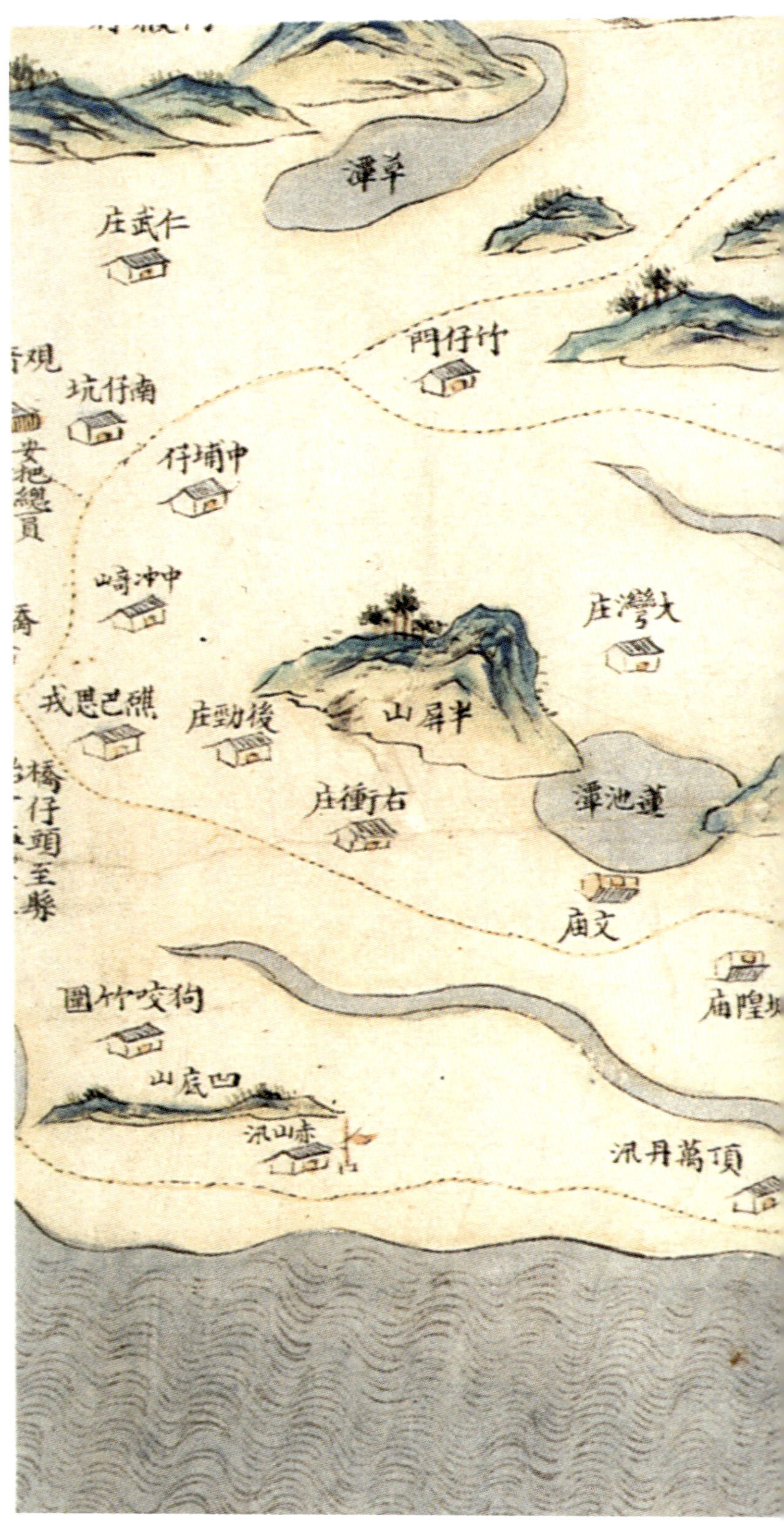

◎ 乾隆年间凤山县城图

下埤頭街
鳳彈
鳳彈汛
守備一員
把總一員
兵三百名
上庄
一甲庄
赤山庄
大竹橋庄
赤山汛
七老爺庄
五塊厝
田尾渡
先農壇
東門
關帝廟
南門
義學
參將
北門
鳳山縣
西門
蛇山
打狗山
硫磺水
鹽埕
打狗港
炮臺

◎ 凤山旧城城北拱辰门

00171

道光二十七年九月十六日内閣奉

上諭福建臺灣道熊一本著撤回内地留於閩省差委遇有相當道員缺出酌量奏補所遺員缺著徐宗幹補授熊一本仍俟新任道員抵臺後再行交卸回省該部知道欽此

道光皇帝上谕：

着徐宗幹补授福建台湾道

道光二十七年九月十六日（1847年10月24日）

◎ 台南府城接官亭

倒壞壓斃兵丁二名受傷者二十餘名嘉義縣
衙署亦多倒塌城垣倒壞六十餘丈垛子倒壞
二百五十餘箇縣城内外民房廟宇及演武廳
等處亦均有倒壞民人亦多傷斃斗六營外委
林維邦亦被壓受傷鹿港情形與彰化不相上
下現經該署府備帶銀洋親詣各處會督印委
各員周歷查勘分别撫卹並據臺灣鎮呂恒安
臺灣道徐宗幹稟同前由聲明此次地震愈北
愈重各等情據此臣等伏查此次淡水噶瑪蘭
兩廳地方雖因猝遭風雨同被水患尚止淡水
一廳情形較重惟鹿港臺灣彰化嘉義同時地
震情形就現報而論則當以彰化鹿港為最重
嘉義次之臺灣又次之該四廳縣陡遭地震計
及二百餘里倒坍房屋為數不少壓斃民人亦
復甚多小民困苦流離已屬難以言狀至淡水
噶瑪蘭兩廳境内果否同日被震雖尚未據稟

斃民人實共若干口分别男婦大小及有力無
力瓦房草房造具清册照例給予修埋各費並
將該民人等妥為安頓仍責成臺灣鎮道督同
查辦妥為彈壓其撫卹後應否再行接濟亦即
由該管道府體察情形星馳詳辦務使實惠及
民不任一夫失所統俟事竣覈實報銷至觧往
銀兩如不敷用即由該道府等酌量籌補倘有
贏餘或已由臺自行捐辦無須動支亦即報明
留存府庫抵作下年兵餉其倒塌城垣衙署監
獄倉厫營汛兵房庫局及各處廟宇公館橋梁
堤岸並飭逐一勘明分别緩急次第興修淡水
噶瑪蘭兩廳及南路之鳳山縣果否同日地震
情形如何飭即一面勘辦一面具報以昭矜卹
而免稽延茲據藩臬兩司會詳請
奏前來臣等謹合詞恭摺具
奏伏乞
皇上聖鑒再臣等於接閱稟報後向由臺內渡各商
船不時查探據稱被水地震屬實民情極為安
靜合併陳明謹
奏

另有旨

道光二十八年十二月 二十九 日

奏

閩浙總督臣劉韻珂
福建巡撫臣徐繼畬跪

奏為臺屬北路各廳縣被水地震現已由省撥解
銀兩飭令妥為撫卹恭摺
奏祈
聖鑒事竊照本年十二月十三日據署臺灣府知府
史密稟報淡水地方自本年九月初十日起至
十三日止澍雨滂沱颶風大作以致溪流陡漲
山水驟發田園廬舍橋梁堤岸悉被衝壞淹斃
人口亦復不少統計被水之區共有九十餘里
大小百十村庄又噶瑪蘭地方自九月十一日
起至十三日止大雨如注連宵達旦溪流湧漲
宣洩不及近溪田園廬舍間被衝坍人口亦間
有淹斃惟晚禾並未受傷稼糧亦俱暢茂現經
該署府飭委員弁會督地方文武各捐廉銀分
投馳往查勘撫卹等情正在查辦間又據該署
府具稟本年十一月初八日辰刻郡城地方陡
然地震適時即止查勘民間房屋間有倒塌情
形尚輕惟彰化嘉義兩縣並鹿港廳地方亦俱
同時地震彰化城內民房及文武衙署監獄倉
廒廟宇公館較場演武廳均各倒為平地城垣

報但該兩廳均為臺灣北路地方既經該鎮道
等查明震動之勢愈北愈重恐該兩廳亦未必
不同遭地震如果屬實是於被水之後復遭此
厄其情更為可憫現在該道府等雖已籌備銀
洋前往撫卹第災區既廣需用必多撫卹之資
必當寬為籌備方足以拯民困而廣
皇仁查道光十九並二十五等年嘉義彰化等縣地
震均由省中籌撥銀兩解往撫卹此次被震情
形更重自應援照辦理臣等現已飭司在於藩
庫籌撥銀六千兩即飭由臺來省領解稞款銀
兩交候補[illegible]品道[illegible]黃並由省委員護解回

闽浙总督刘韵珂等奏折：

台属北路厅县水灾地震已由省拨银妥为抚恤

道光二十八年十二月二十九日（1849年1月23日）

◎ 咸丰年间的淡水

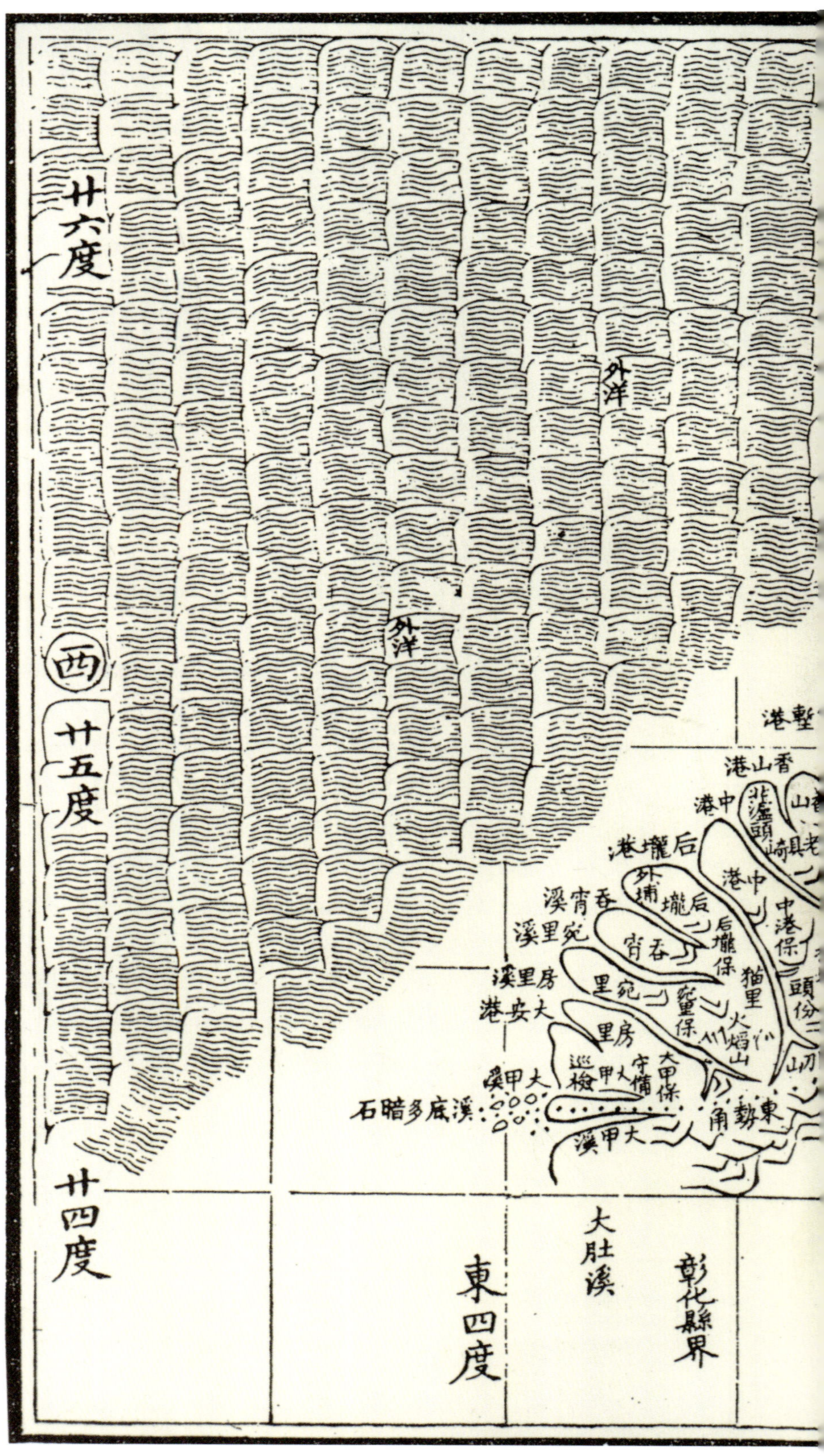
廿六度
外洋
外洋
西
廿五度
廿四度
東四度
大肚溪
彰化縣界
香山港
中港
后壠港
外埔
后壠
吞霄溪
宛里溪
吞霄
后壠保
中港保
中港
猫里
頭份
房里溪
大安港
宛里
房里
火焰山
大甲溪
溪底多暗石
巡檢
大甲
守備
大甲保
大甲溪
東勢角

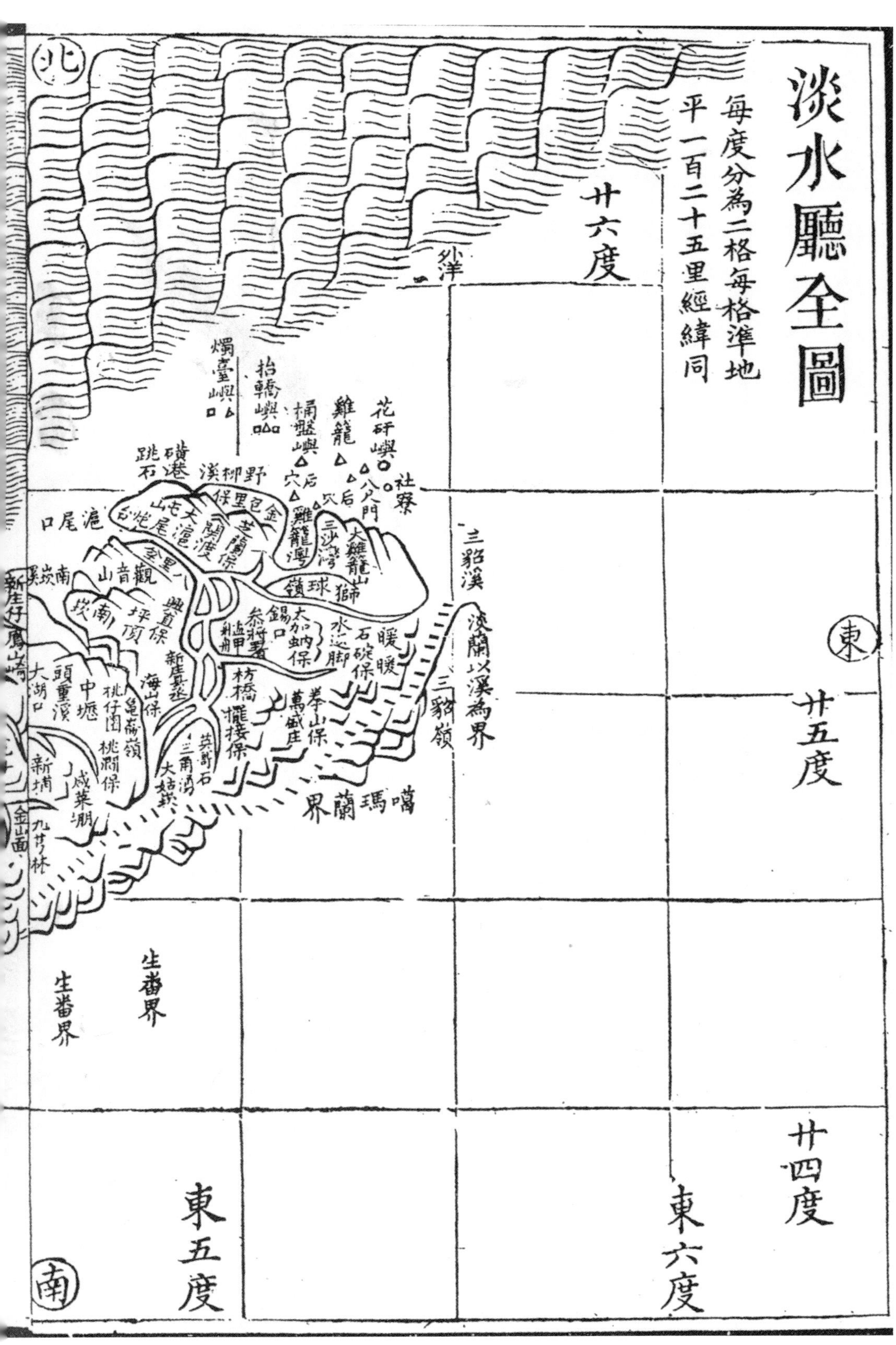

◎ 同治十年（1871年）淡水厅沿海礁沙形势图

【第四部分】

科举兴学　推行教化

统一台湾后，清朝在台湾实施与大陆一样的教育考试制度，建立教育行政机关，设立府县厅儒学，在城乡办社学、义学和民学，在全台大办书院，实行科举考试。台湾各级儒学的设立和分布由福建的地方官员一体统筹办理，清廷还明文规定："台湾府学训导及台湾、凤山、诸罗、彰化等四县教谕、训导缺出，先尽漳、泉七学调缺内拣调；不敷，再于通省教职内拣调。"因此，台湾各府县儒学的教授、教谕、训导等师资大都来自福建的文化发达地区，大都有过在福建的府县儒学担任教职的经历。

台湾从南部地区向北部地区先后扩展设立了13所府县儒学。从福建派往台湾任职的地方官员在台湾府县儒学设置和演变的过程中发挥了重要作用，他们把发展儒学教育视为倡导地方教化，弘扬传统文化的重要途径，十分重视新儒学的设立和旧儒学的修葺。

闽台科举考试实行一体化，台湾府县儒学生员名额的增设与否要由福建地方官员向朝廷进行奏报后才能确认，台湾的举人名额也由福建省学政奏请特定。因台湾文教基础的特殊性，清政府在福建的录取名额中专门为台湾士子设立了保障名额。如康熙二十六年（1687年）台湾生员首次参加福建乡试，即"准福建台湾府乡试另编字号，额中一名"。到咸丰九年（1859年）台湾乡试录取名额达到了8名，占当年福建乡试录取名额的26.7%。至于进士名额，乾隆四年（1739年），清政府规定只要到北京参加会试的台湾举人达到10名以上便给予1名保障名额，这一规定于道光三年（1823年）后形成惯例。自清初至光绪二十年（1894年），在福建乡试中共产生了305名台湾举人，并有33名台湾举人考中进士。清政府为台湾学子设置的保障名额制度，有力地推动了台湾地区文风的繁盛和社会的进步。

台湾的科举考选制度与全国各地一样，分为童试、乡试、会试、殿试等，因台湾归福建管辖，岛内只举行童试及岁、科两试，台湾考生要到省会福州参加乡试。同治十三年（1874年），台湾知府决定派遣官船由淡水港统一护送台湾士子到福州参加乡试，形成“官送”定例。光绪十年（1884年），福建台湾兵备道兼提督学政刘璈拨款15000元在省城福州贡院附近建台南、台北两处试馆，台湾士绅也在福州南台建有台湾会馆，专供各科赴省的台湾考生住宿。在光绪十一年（1885年）建省之后，台湾也并不单独举行省级科举考试乡试，其生员仍旧归并在福建乡试中应试。

即使在日本侵占台湾后，每逢科举之年，仍有台湾考生不惜冒着生命危险，冲破重重阻碍，到大陆参加考试。他们在填报籍贯时，仍旧自报为“福建台湾省”。光绪二十四年（1898年）戊戌科进士题名碑上即有“黄彦鸿（福建淡水）”和“陈浚芝（福建新竹）”的记录。

台湾设立书院也始于其统一到中央政权之后，且设学数量位于全国前茅。台湾书院以“导进人才，广学校所不及”为宗旨，对补充儒学之不足，“兴贤育才”，起了较大的作用。在官方的监督下，大部分书院得到了社会有识之士的广泛支持，办学经费基本有保证，组织机构比较健全，受到社会的普遍欢迎。台湾著名书院有海东书院、文甲书院、登瀛书院、宏文书院、磺溪书院、文开书院、白沙书院、兴贤书院、龙门书院、蓝田书院、罗山书院、仰山书院、英才书院、崇文书院、奎楼书院、屏山书院、文石书院等。

经过两百多年的儒学教育，台湾涌现出一批在政教、文史、艺术等领域有一定影响的著名人物，如郑用锡、许南英、施士洁、汪春源、连横、丘逢甲、林朝英、黄水土等等。

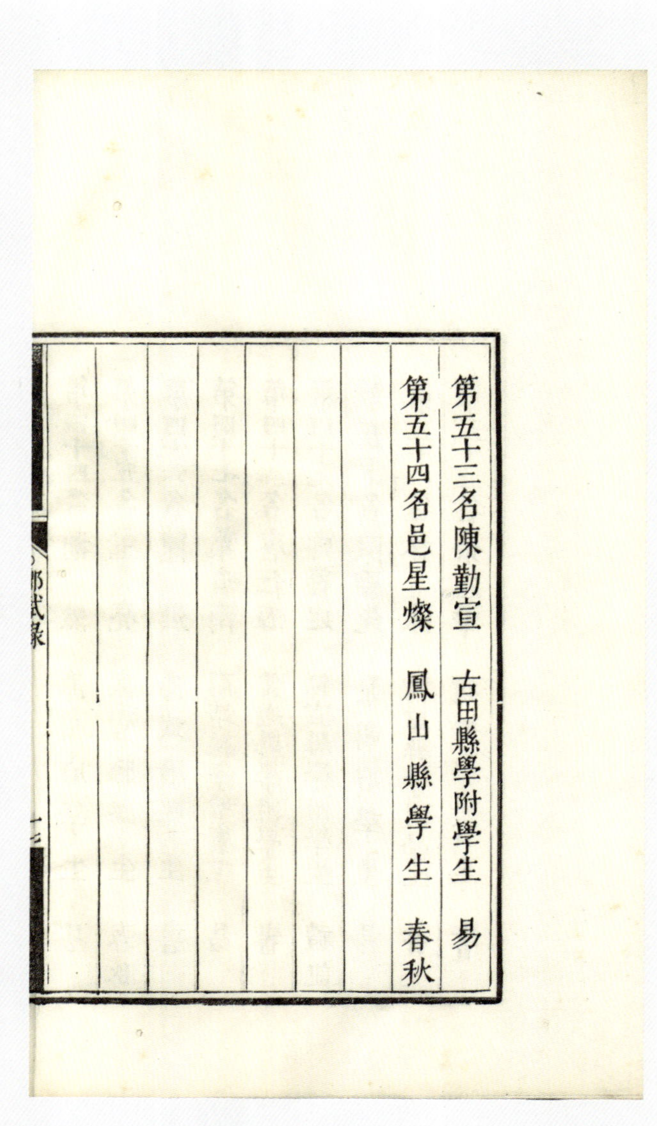

第五十三名陳勤宣　古田縣學附學生　易

第五十四名邑星燦　鳳山縣學生　春秋

福建乡试题名录：

台湾凤山县学生名录

康熙二十九年（1690年）

康熙四十八年武會試錄

知武舉官

兵部右侍郎李先復 曲江四川南部縣人壬子舉人

監射官

正黃旗領侍衛內大臣公頗爾彭 正黃旗滿洲人

正黃旗漢軍都統加一級汪古禮 鑲紅旗滿洲人

鑲白旗蒙古都統蘇滿 正白旗滿洲人

鑲紅旗漢軍都統加一級李林盛 正黃旗漢軍

較射官

第三十五名 楊凱 江南儀眞縣武舉

第三十六名 柯參天 福建鳳山縣武舉

第三十七名 朱士禎 山東沂州武舉

第三十八名 徐琳 江南全椒縣武舉

第三十九名 匡忠 山東膠州武舉

第四十名 張丕振 山東長清縣武舉

第四十一名 趙繼普 順天府大興縣武舉

第四十二名 朱世衍 湖廣潛江縣武舉

第四十三名 陳元春 江南太倉州武舉

会试录：

台湾凤山县武举人名录

康熙四十八年（1709年）

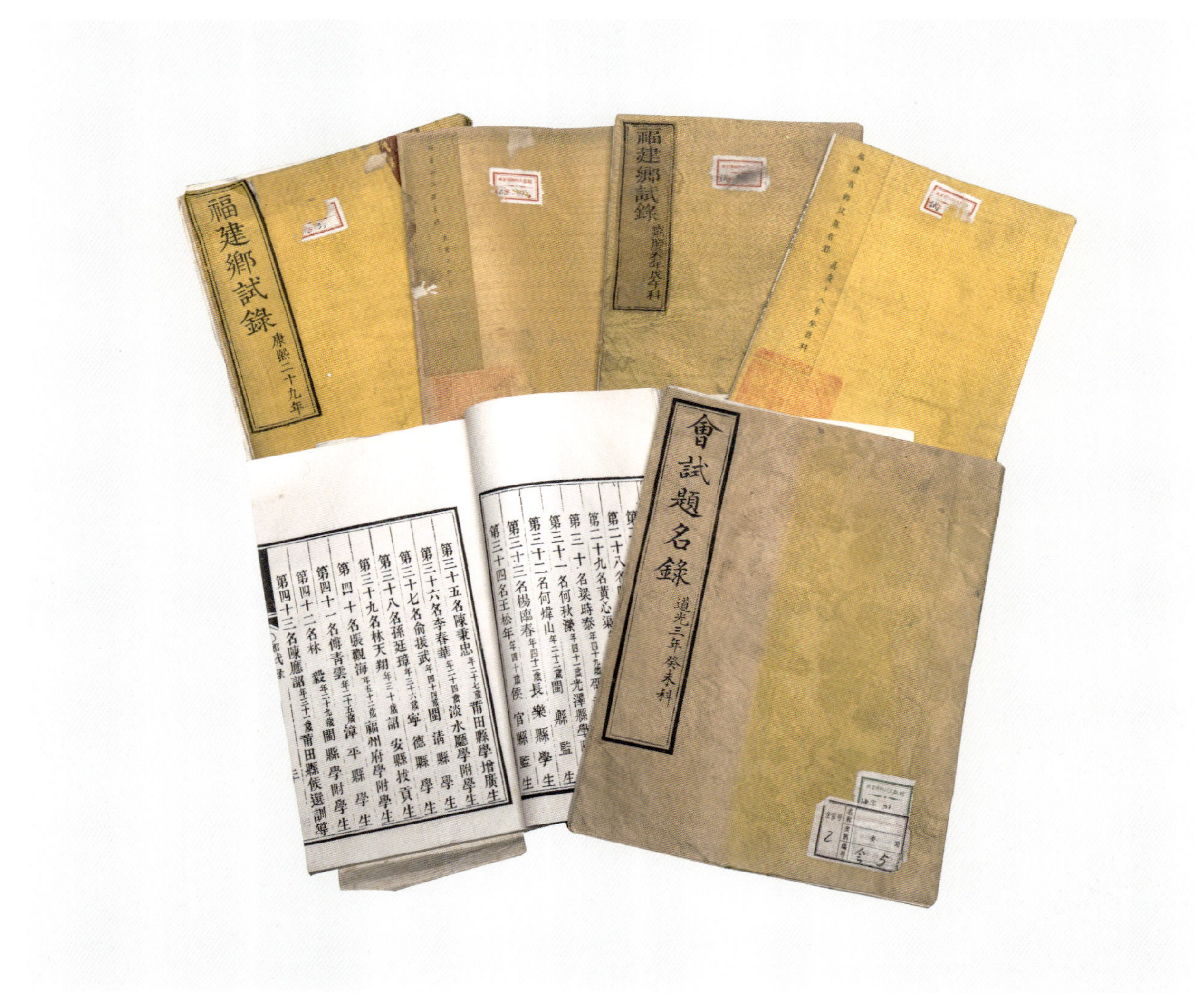

◎ 清代福建省乡试录、乡试题名录、会试题名录

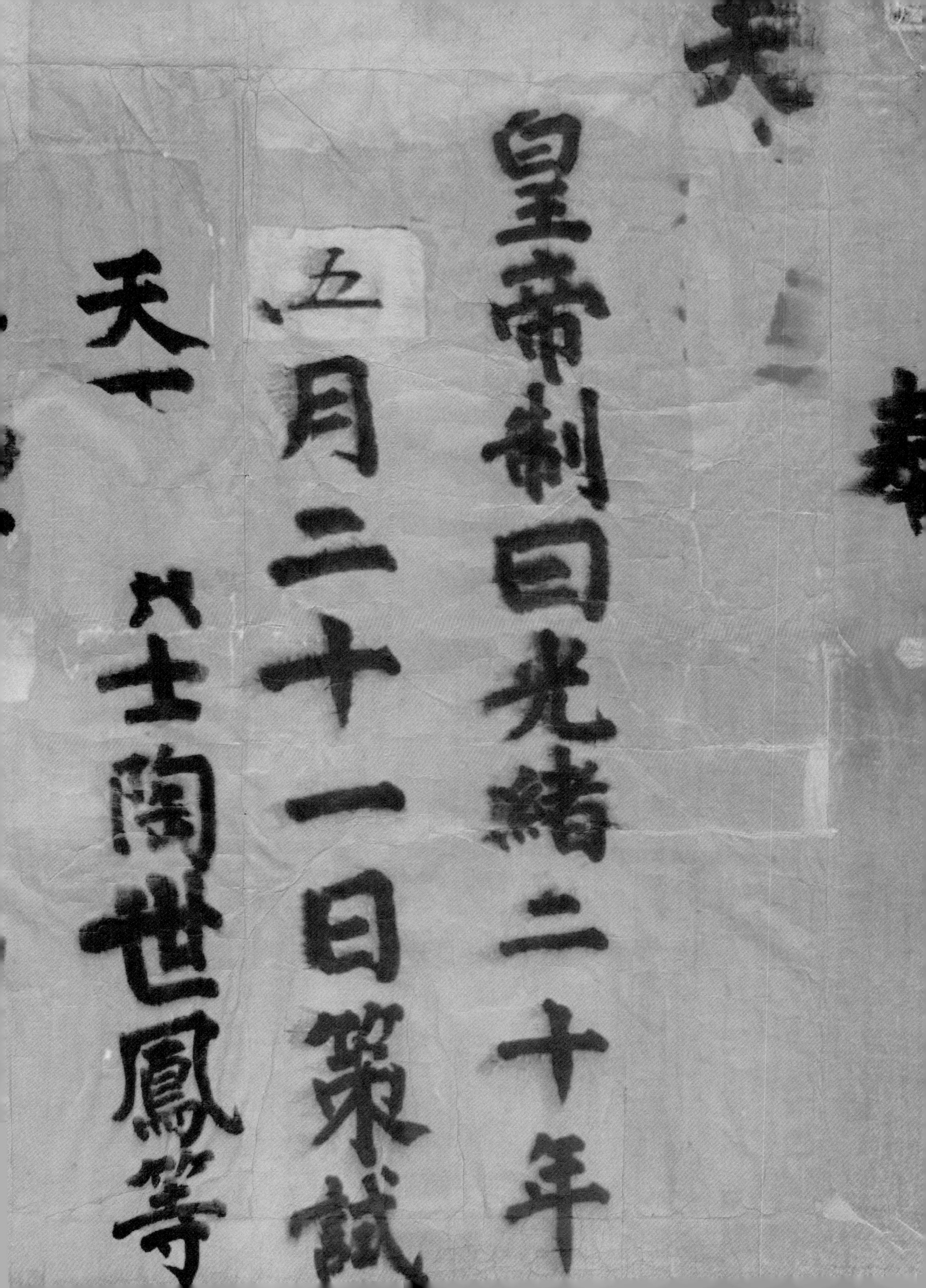
奉
天
皇帝制曰光緒二十年
五月二十一日策試
天下貢士陶世鳳等

大金榜

光绪二十年（1894年）

三百十五名第一甲
賜進士及第第二甲
賜進士出身第三甲
賜同進士出身故茲
詔示

第一甲賜進士及第
第一名 張謇 江蘇通州人
第二名 尹銘綬 湖南茶陵州人
第三名 鄭沅 湖南長沙縣人

第二甲賜進士出身
第一名 吳筠孫 江蘇儀徵縣人
第二名 沈家衡 浙江秀水縣人
第三名 李仁駒 正黃旗漢軍人
第四名 徐啟鏡 順天府宛平縣人
第五名 朱廷勛 江蘇宜興縣人
第六名 吳廷芝 江西湖口縣人
第七名 李翹芬 廣東順德縣人
第八名 李組紳 江蘇武進縣人
第九名 胡紹蘇 江西新建縣人
第十名 曾文玉 廣東新會縣人
第十一名 武丕文 山西平遥縣人
第十二名 汪述祖 安徽休寧縣人
第十三名 饒芝祥 江西南城縣人
第十四名 周棋 湖北羅田縣人
第十五名 梁士詒 廣東三水縣人
第十六名 項芳蘭 浙江瑞安縣人
第十七名 陸士奎 江蘇無錫縣人
第十八名 鄒毅洪 雲南文山縣人

第六十六名	呂承翰	湖北武昌縣人
第六十七名	汪聲玲	安徽旌德縣人
第六十八名	黎承禮	湖南湘潭縣人
第六十九名	方策安	湖北麻城縣人
第七十名	劉昌言	湖北江夏縣人
第七十一名	朱錫恩	浙江海寧州人
第七十二名	陳品全	四川中江縣人
第七十三名	王英冕	江蘇丹陽縣人
第七十四名	周紹昌	廣西靈川縣人
第七十五名	齊忠甲	奉天伊通州人
第七十六名	樓守愚	浙江諸暨縣人
第七十七名	張懷信	直隸安州人
第七十八名	陳汝梅	福建福州府人
第七十九名	廖鳳章	廣東南海縣人
第八十名	王會釐	湖北黃岡縣人
第八十一名	譚文鴻	貴州鎮遠府人
第八十二名	程友琦	廣東南海縣人
第八十三名	施之東	福建彰化縣人
第八十四名	袁玉錫	湖北襄陽縣人
第八十五名	王照	順天甯河縣人
第八十六名	沈雲沛	江蘇海州人
第八十七名	傅運生	江西高安縣人
第八十八名	余毓瑞	湖北武昌縣人
第八十九名	徐夔颺	廣東東莞縣人
第九十名	林炳章	福建侯官縣人
第九十一名	鮑德麟	浙江錢塘縣人
第九十二名	何藻麟	安徽南陵縣人
第九十三名	洪錦標	浙江瑞安縣人
第九十四名	蔡琛	福建侯官縣人
第九十五名	王元慶	安徽舒城縣人
第九十六名	施有方	雲南昆明縣人
第九十七名	夏樹立	浙江錢塘縣人
第九十八名	馮錫環	廣西岑溪縣人
第九十九名	張錦春	貴州安順府人
第一百名	蕭立炎	江西萍鄉縣人
第一百一名	徐宗源	浙江仁和縣人
第一百二名	茹恩彬	山東蓬萊縣人
第一百三名	楊炳宸	河南光山縣人
第一百四名	柴栱	甘肅皋蘭縣人
第一百五名	李清琦	福建彰化縣人

光緒二十年四月二十八日

第二十名	劉廷琛	江西德化縣人
第二十一名	夏啟瑜	浙江鄞縣人
第二十二名	彭謨庠	江蘇元和縣人
第二十三名	汪一元	安徽蕪湖縣人
第二十四名	袁桐	鑲藍旗漢軍人
第二十五名	于普源	山東濰縣人
第二十六名	馮恩岷	浙江餘姚縣人
第二十七名	儲英翰	江西南豐縣人
第二十八名	李均華	安徽霍邱縣人
第二十九名	張其淦	廣東東莞縣人
第三十名	王先鉞	陝西蒲城縣人
第三十一名	關冕鈞	廣西蒼梧縣人
第三十二名	林鉞	福建閩縣人
第三十三名	姚舒密	山東鉅野縣人
第三十四名	葉棫	鑲藍旗滿州人
第三十五名	黃東湘	四川永川縣人
第三十六名	吳啟之	浙江東陽縣人
第三十七名	陳昭常	廣東新會縣人
第三十八名	裘汝欽	江西清江縣人
第三十九名	孫國楨	江蘇常熟縣人
第四十名	鄭有才	山東[illegible]縣人
第四十一名	莊坰儀	江蘇陽湖縣人
第四十二名	翁[illegible]淇	福建侯官縣人
第四十三名	胡廷幹	湖南長沙縣人
第四十四名	江衡	江蘇元和縣人
第四十五名	鄔[illegible]東	安徽桐城縣人
第四十六名	崗于懿	雲南蒙自縣人
第四十七名	沙元炳	江蘇如皋縣人
第四十八名	康志文	廣東南海縣人
第四十九名	陳壽瑢	福建閩縣人
第五十名	俞肴三	浙江蕭山縣人
第五十一名	梁東年	浙江鄞縣人
第五十二名	張濂經	山東文登縣人
第五十三名	張啟藩	安徽泗州人
第五十四名	達壽	正紅旗滿洲人
第五十五名	張超南	福建永定縣人
第五十六名	楊裕芬	廣東南海縣人
第五十七名	玉彬	鑲紅旗蒙古人
第五十八名	張琨	雲南太和縣人
第五十九名	范溶	四川華陽縣人
第六十名	張琴	四川江油縣人
第六十一名	吳敬修	河南光州人
第六十二名	楊士燮	安徽泗州人
第六十三名	熊希齡	湖南鳳凰直隸廳人
第六十四名	靳學禮	河南安陽縣人

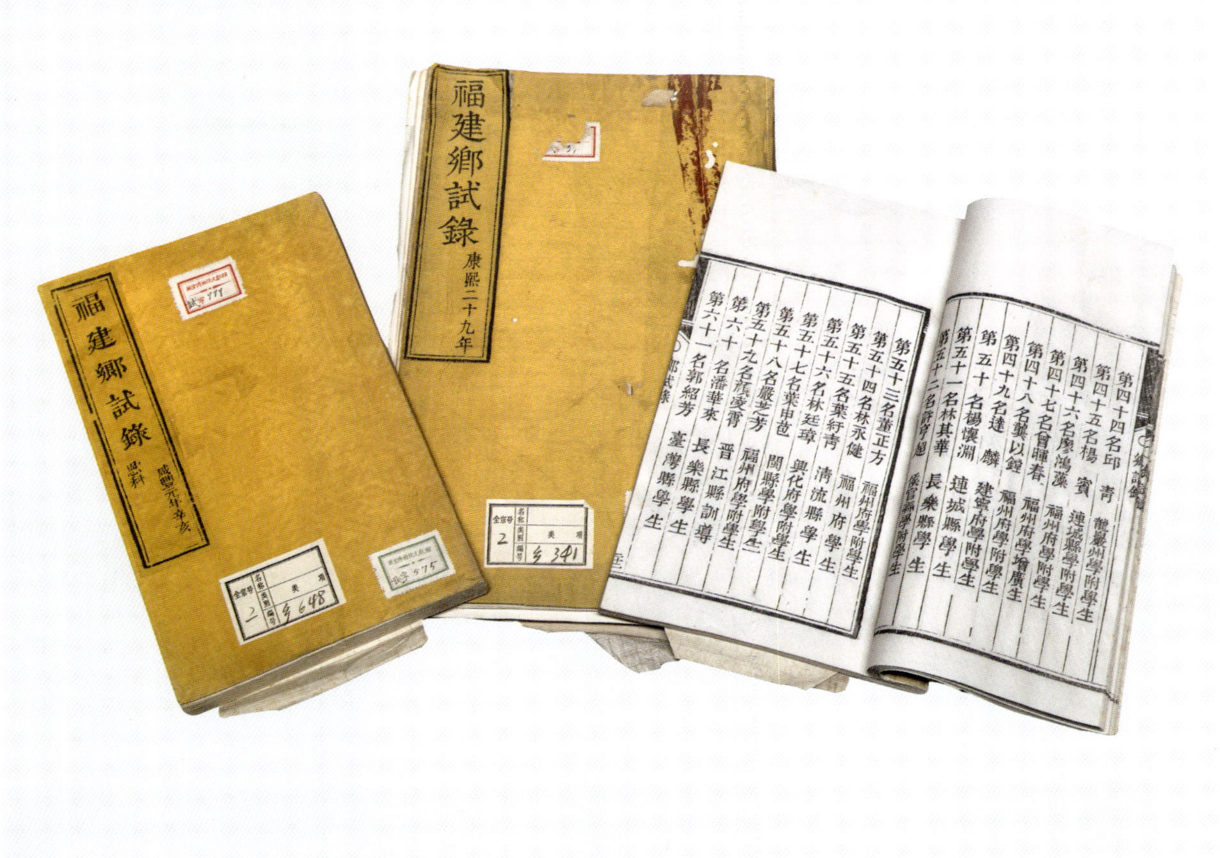

◎ 清代福建省乡试录

◎ 台南孔庙

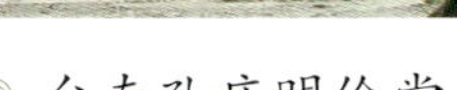

◎ 台南孔庙明伦堂

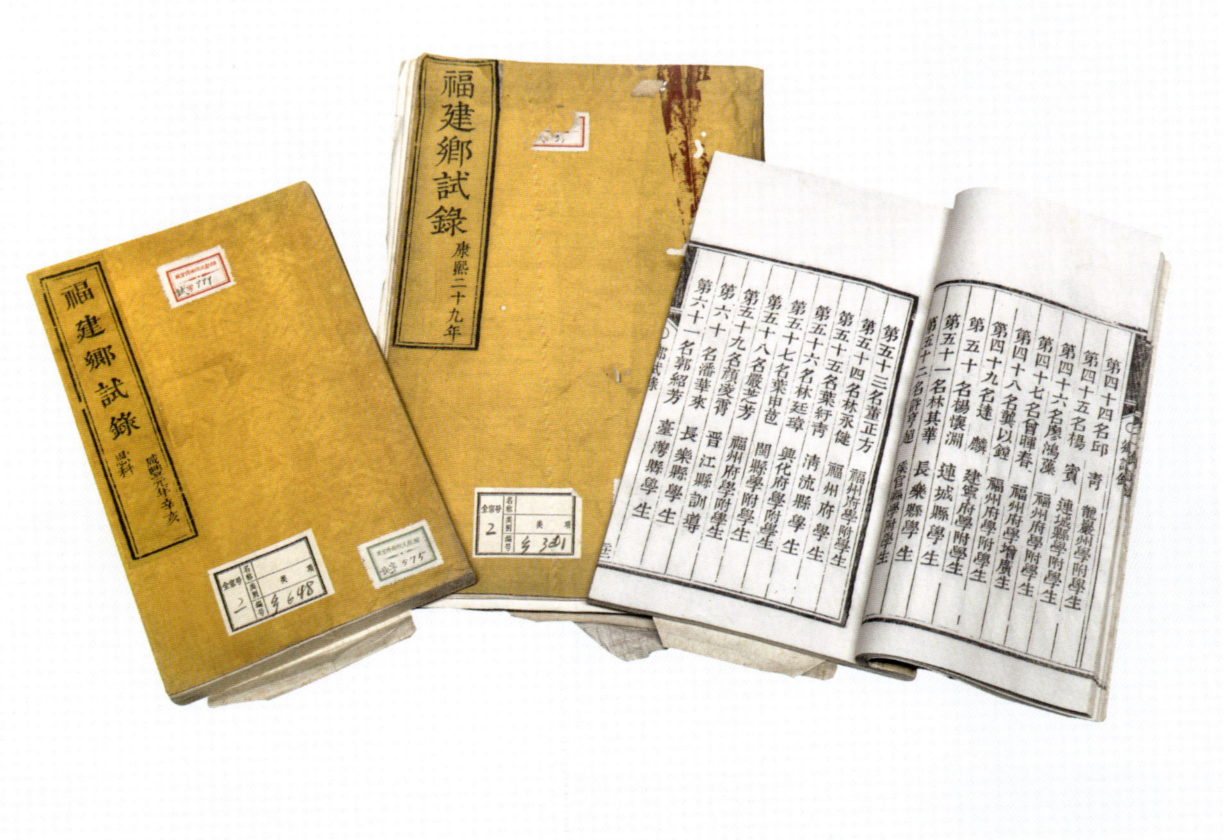

◎ 清代福建省乡试录

◎ 台南孔庙

◎ 台南孔庙明伦堂

◎ 文昌帝君

◎ 台湾的“敬惜字纸”炉

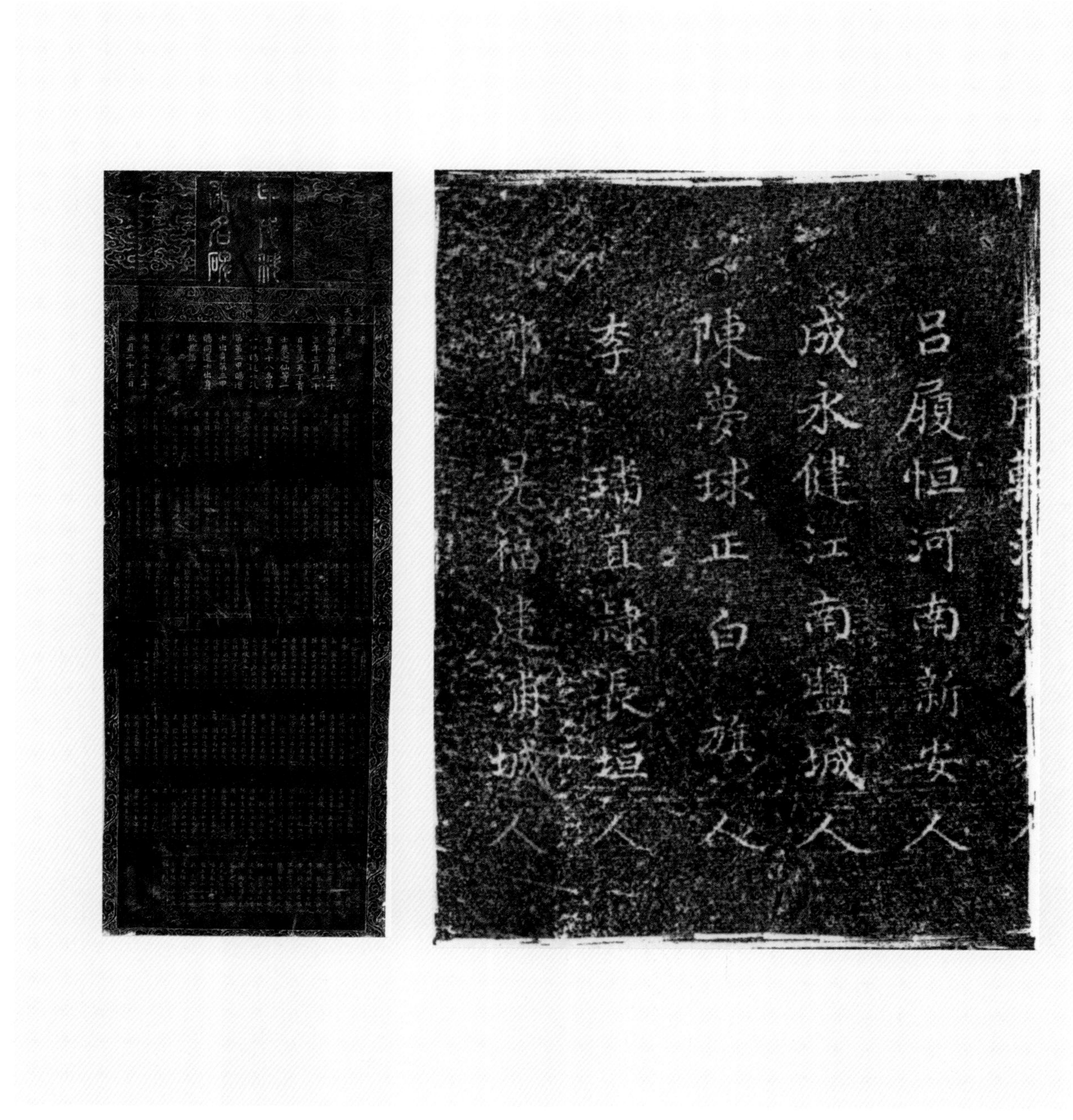

◎ 康熙三十三年（1694年）台湾首位进士陈梦球进士碑

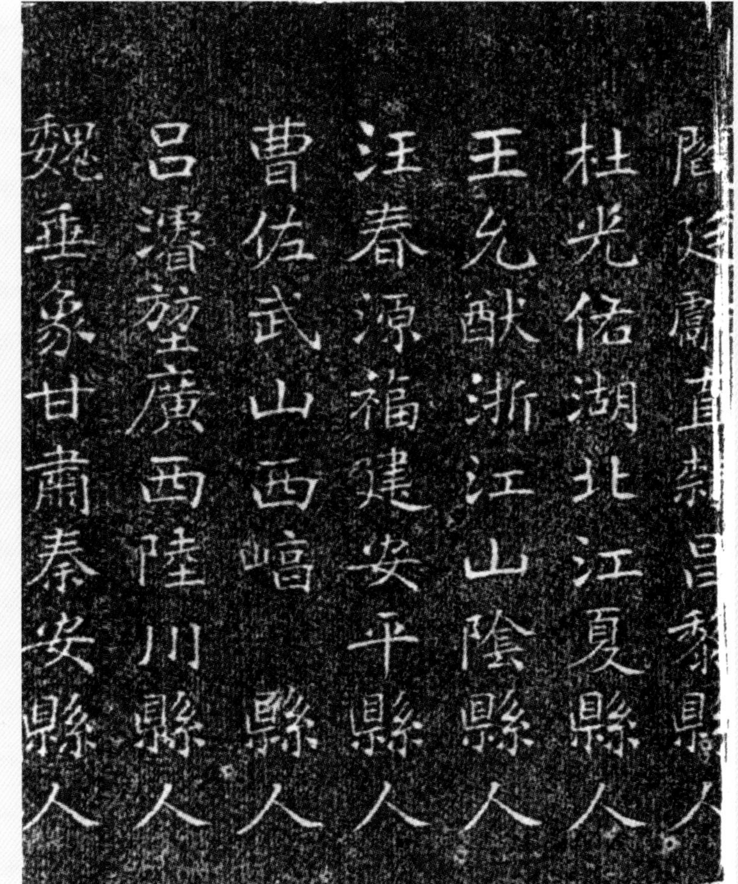

◎ 光绪二十九年（1903年）台湾最后一位进士汪春源进士碑

◎ 台南孔庙文昌阁

幼番眾多有穿戴漢人冠服者與從前習俗大
不相同隨敬謹宣布
皇仁教誨鼓勵靡不感戴歡欣蒸蒸向化再至各社
學考驗社師館課以及番童肄業之處或能背

聖朝德化服習漸次改移而各社番童又肯向上讀
書學習禮儀實可嘉尚臣現在買備布疋鹽茶
紙筆即差員前往協同地方官分別給賞俾各
社番眾咸知觀感興起愚頑漸化淳良莫不共
遊於
堯天舜日之下矣所有番人向化讀書緣由理合據
詳繕摺奏
聞伏乞
皇上睿鑒臣玉麟謹
奏 好
乾隆元年三月　十三　日具

奏

閩浙總督衔專管福建事務臣郝玉麟謹

奏為

聖教遠訖海隅番民漸知禮義謹據實奏

聞仰祈

睿鑒事竊照臺灣地方遠處海外半屬番民雕題鑿

齒裸體文身性情習俗與漢人逈異素不知讀

書為何事是以氣質兇頑鮮知禮教臣於雍正

十一年内欽遵

世宗憲皇帝

諭旨會奏臺灣善後事宜案内議請設立社學選有品

行生員為師令番社中俊秀子弟相從受學将

聖諭廣訓勸為講讀使明義理經兵部會同九卿議准

奉有

俞旨臣遵即轉飭臺灣道府各員實力奉行加意鼓勵

時勤稽察務期番民湔改舊習以臻

誦

上諭一二條或能朗讀四書毛詩一章一節再面試其

寫字亦有筆畫端正用心習學者更有下淡水

番童臘帶改取漢名潘志正竟能學做承題文

義粗通又有力力社九歲番童吧寧授以紙筆

觧寫敦孝弟以重人倫七字其於拜跪俱如民

人禮儀且有能習正音之番童數名當即分别

給以銀牌紙筆花紅其社師給以銀兩筆墨令

其用心教導各社悉照此辦理再向例番童年

歲長成即承應本身丁差今既入社讀書請免

闽浙总督衔专管福建事务郝玉麟奏折：

台湾番人渐知礼仪向化读书

乾隆元年三月十三日（1736年4月23日）

巡视台湾工科给事中单德谟奏折：

台湾人文日盛郡治宜建考棚以隆圣化

乾隆二年十月二十七日（1737年12月18日）

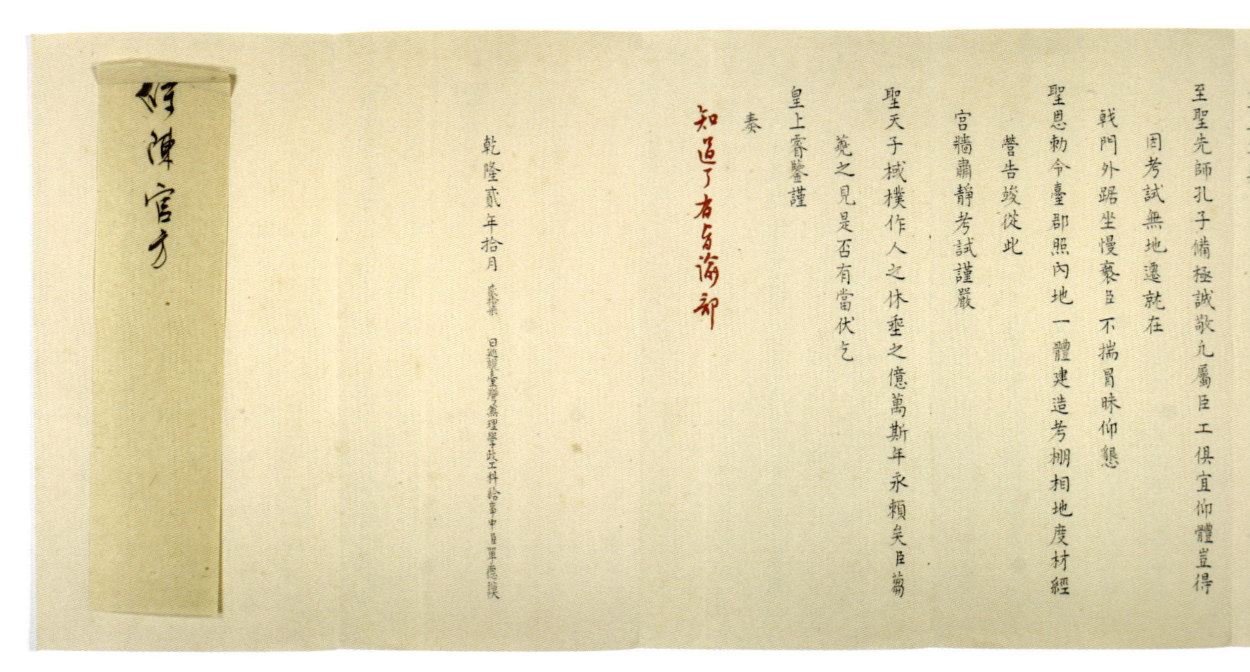

皇上尊崇
至聖先師孔子備極誠敬凡屬臣工俱宜仰體豈得
因考試無地遷就在
戟門外踞坐慢褻臣不揣冒昧仰懇
聖恩勅令臺郡照內地一體建造考棚相地度材經
營告竣從此
宮牆肅靜考試謹嚴
聖天子棫樸作人之休埊之億萬斯年永賴矣臣蒭
蕘之見是否有當伏乞
皇上睿鑒謹
奏

知道了有旨諭部

乾隆貳年拾月貳拾柒日巡視臺灣兼理學政工科給事中臣單德謨

◎ 为嘉奖淡水贡生洪腾云捐资建考棚而建造的“急公好义”牌坊

巡視臺灣兼理學政工科給事中臣單德謨謹

奏爲海疆人文日盛郡治宜建考棚以隆

聖化以肅

宮牆事竊臣奉

命同監察御史臣白起圖巡視臺灣臣兼理學政本

年應當科試臣隨行臺灣府考録臺灣鳳山諸

羅彰化四縣童生併册送各學生員考試但臺

灣向未建有考棚歲科兩試俱在海東書院其

地湫隘不足以容緣毗鄰府學卽於堂下別闢

一門轉至

聖廟戟門外搭蓋棚廠以爲考試之所臣伏思

戟門内卽係

大成殿此地理宜敬謹肅靜今生童數百每逢考期

雜沓踞坐殊屬慢褻且查内地各府俱建考棚

堂下甬道兩旁生童列坐學臣一目瞭然便於

稽察今臺郡因考棚未建在

戟門外搭蓋棚廠其南面係

櫺星門一帶短垣垣外卽行人來往之大路關防

不密易滋弊竇況今

文敎覃敷海外人文日盛臺灣一縣童生多至七百

餘人

戟門外周圍數十步一易考也一縣童生已覺擁

以慎重掄才之道然以海外呫嗶之寒儒拘於十名難滿之成例永無一人獲登甲第亦屬可憫臣等酌議嗣後臺灣會試舉人到京十名以上仍照原議定以中額外其未至十名禮部另編字號不必拘定中額屆期令考試官憑文酌量有可取者取中一名無可取者仍缺無濫如此庶邊海寒儒有階上進而掄才大典亦不致濫邀矣臣等愚昧之見是否有當伏乞

睿鑒訓示遵行謹

奏

該部議奏

乾隆九年三月　初十　日

奏

巡視臺灣吏科掌印給事中臣書山
巡視臺灣兼理學政山西道監察御史臣熊學鵬謹

奏爲敬陳管見仰祈
聖鑒事查先經禮部議覆前任巡視臺灣御史諾穆
布等條奏臺灣舉人會試另編字號一疏内稱
將來臺郡士子來京會試至十名以上之多再
行奏
聞恭請
欽定中額等因具題奉
旨依議欽此臣等伏思會試乃賓興大典定例各省
分給中額原欲令普天士子均沐
皇仁以昭樂育人才之盛部議臺郡舉人積至十名
以上再定中額查福建鄉試每科臺灣取中舉
人二名積至五科以後方滿十名以上當此五
科之久閱歷一十五年其間少壯衰老不一其
侶膴厚貧寒不一其境再雜有事故例不會試
之人是後者方興而前者已缺雖至五科以後
仍不能滿十名之數若如原議必俟十名以上
方定中額恐臺灣舉人雖有會試之名究無中
式之日成例竟爲虛設伏惟
皇上加意育才振興文教無微不至臺灣阻隔重洋

巡视台湾吏科掌印给事中书山等奏折：

台湾会试举人到京十名以内礼部编号不必拘定中额

乾隆九年三月初十日（1744年4月22日）

Old Examination Halls -

◎ 福州贡院及考棚

文童進額及添設廪增優貢由臺灣道府縣學
轉送藩臬兩司核議具詳請
奏前來臣等查書升論秀原所以樂育人材從前
臺灣額中舉人二名緣文教初興士子應試亦
少又恐重洋遠涉名落孫山是以另編至字一
號撥給中額實為體恤鼓舞之意現在人文蒸
蒸蔚起有志觀光者不下千百餘人而科舉僅
准錄送二百餘名中額仍止二名再臺灣四縣
應考文童近年冊報多至三千餘人較之內地
大中各縣應試童生亦不相上下而進額尚不
及於內地中縣又附居臺屬之粵籍文童蒙
恩取進八名並未專設廪增查乾隆二十二年前任
督臣楊應琚題請粵籍額設廪增經部議覆因
彼時粵籍生員僅有六十餘名行令附入府學
與閩生一同校拔廪增俟人文日盛廪增額臨
另行題請等因在案迄今已閱數十年粵籍取
進人數幾倍於前廪增未設洵為人多額隘又
優貢一項三年舉行一次由學臣會同督撫考
校通省僅取五六名因臺灣學政係道員兼理
不得與內地各屬諸生同邀考選臣等公同酌
議自應推廣

監肄業似此量為增廣則海外俊彦仰沐
恩光定必感激奮興家弦户誦尚詩書而敦禮義益沾
聖澤於
同文矣如蒙
恩准本年鄉試應請即照此辦理合併聲明臣等謹
合詞恭摺具
奏伏乞
皇上睿鑒訓示謹
奏
禮部議奏
嘉慶十二年四月　十一　日

奏

閩浙總督臣阿林保
福建巡撫臣張師誠　跪

奏為海外人文日盛懇
恩加廣中額進額並添設廩增優貢以示鼓勵仰祈
聖鑒事竊照臺灣一府孤懸海外我
朝始入版圖康熙二十五年間設立學校府學取進文武童生各二十名廩增定額各二十名又取進粵籍文童八名臺灣鳳山嘉義三縣取進文武童生各十二名廩增額定各十名康熙二十六年鄉試將臺灣府另編至字號額中文舉人一名雍正元年添設彰化一縣照小學例取進文武童生各八名雍正十三年額定彰化縣學廩增各十名又加鄉試中額一名乾隆五十六年彰化縣學又加進文童四名武童仍照舊取進八名此臺灣府縣各學文武生員及鄉試中式之額數也今該郡涵濡
聖化百數十年文風日見其盛人材日見其廣因登進限於定額未免野多遺秀據紳士林朝英呉

……

皇仁以鼓士氣合無仰懇
聖主天恩俯准將臺灣鄉試中額於閩省額定八十五名之外再加一名連前共中三名併於至字號內取中副榜一名每届鄉試准其録送科舉五百名臺灣府學閩籍文童加進二名粵籍文童加進二名臺灣鳳山嘉義彰化四縣每學加進文童二名粵籍生員准照小學之例添設廩

闽浙总督阿林保等奏折：

台湾府人文日盛请加增中额进额并添设廪增优贡

嘉庆十二年四月十一日（1807年5月18日）

◎ 台湾省城考棚建筑群之一部

◎ 台湾府学图

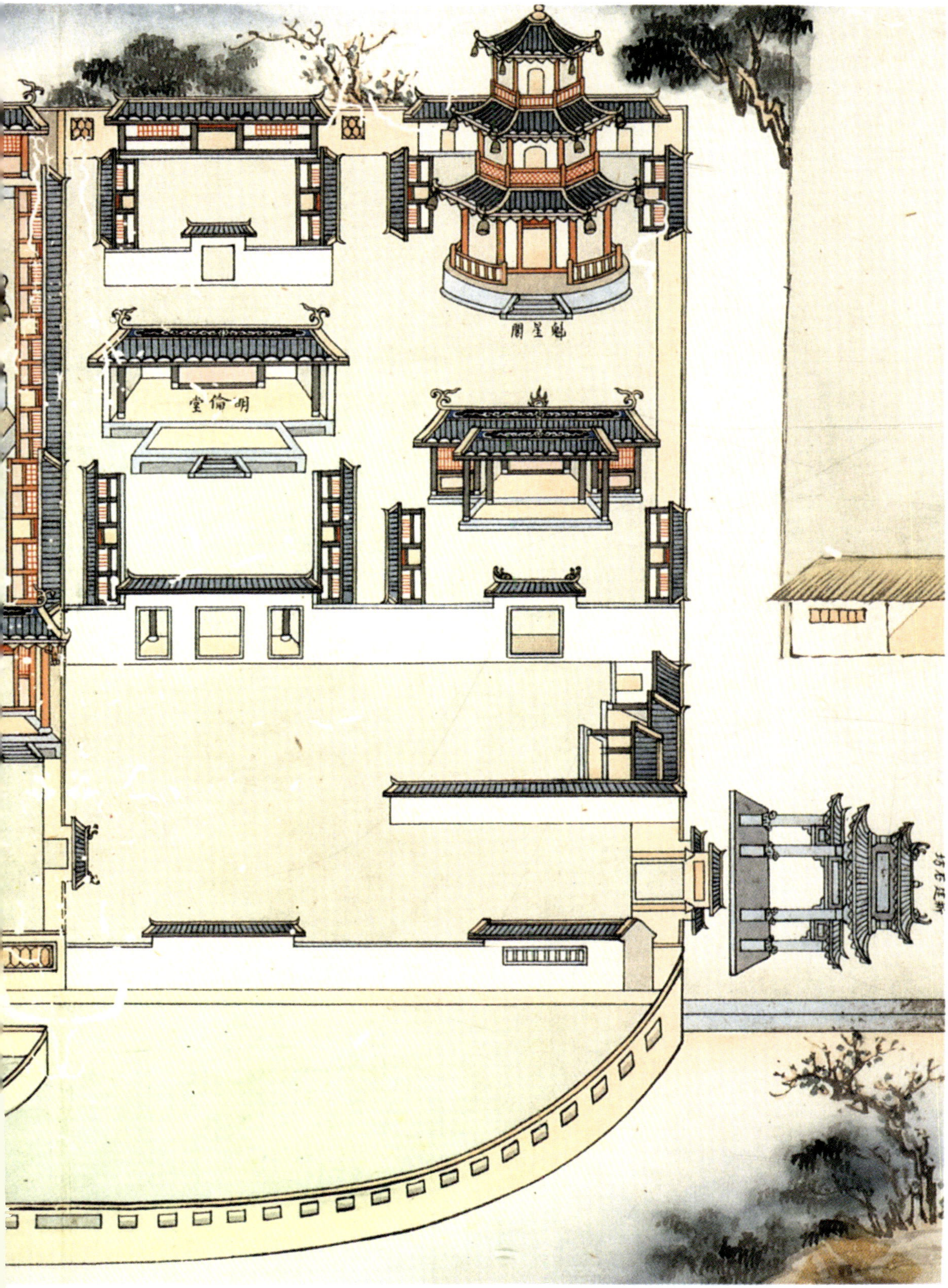

聖主樂育人材鼓勵士氣至意合無仰懇

皇上天恩俯准援照各省蓮花等廳另設學校之例將

淡水廳另行設立學校歸廳考試撥送臺灣府考

録轉送臺灣道歲試酌取淡籍文生八名武生二名

並設廩生六名增生六名其出貢年限即照臺灣府

縣考試之例將噶瑪蘭童生與淡水童生一体憑文取進

俟將來人文充盛再行酌量定額至噶瑪蘭入版圖

業儒童生若照例俟入籍二十年以上有田業廬舍

者方准應試似於体恤之道應請查照新設學校之例

由噶瑪蘭通判查取族鄰保結給予印照赴考俟該

票取有增附名生仍照各省衛學之例即由該生互

相保送歸淡水廳廩生換保若該票補有廩生再

歸該票廩生保結此外淡水噶瑪蘭粵籍文童仍

照例與閩籍學名童生通較文字附入府學取

進毋庸增額所有淡水廳應請另設學校歸廳

考試緣由臣等謹合詞恭摺具

奏伏乞

皇上睿鑒訓示謹

奏

嘉慶十九年九月十九日奉

硃批該部議奏欽此

八月十九日

奏

汪志伊等

〇二

淡水厅请设学校等 由

九月十九日

闽浙总督臣汪志伊
福建巡抚臣王绍兰 跪
奏为台湾府属之淡水厅人文日盛恭恳
圣恩另设学校归厅考试及新入版图之噶玛兰童生附入淡
学考取事窃照台湾淡水一厅地处台郡极北自康熙二十二
年收入版图雍正元年添设同知专辖因该处业儒者少
应试童生附入彰化县学考试取进乾隆二十八年
有附居淡籍之汀州府庠永定县贡生胡焯猷捐设
义学维时前道作为书院由是民书向学士萃起惟
学宫未立司铎无人是以犹附彰化县应考二十一年
经前任同知李淡原以淡属生童赴县考录远往
返跋涉援照江西莲花湖南凤凰陕西潼关四川叙永
各往文厅之例请就淡水厅设立训导创建
入版图以来应试童生较前增多兹之噶玛兰新入
版图业儒更众现在应文试童生约有三百六七十
名应武试童生约有三四十名援照莲花等厅之例
另设学校等情由该司等核议务为宜详请具
奏前来臣等查核淡水一厅自入版图之后设立同知专

闽浙总督汪志伊等奏折：

台湾府属淡水厅请增设学校

嘉庆十九年八月十九日（1814年10月2日）

◎ 重建台湾县学图

學廟
明倫堂

商同紳士僉舉總董規度全勢運石購料興辦
於道光七年六月初十日興工該員督同巡檢
易金杓隨時赴工彈壓認真稽查各總董等催
匠分段趕築經年累月不辭勞苦已於道光九
年八月二十日將全城興築完固又修建
社稷壇
山川壇及
龍神廟明志書院名宦鄉賢昭忠節孝五穀各祠
俱已同時竣工一切需用工料係總董分廠經
理並未假手丁胥等由當經批飭勘驗結報一
面飭廳繪具圖冊取造捐户姓名銀數及各項
工料清冊出具印結由府道加結詳送核辦茲
據福建布政使魏元烺詳稱查嘉慶十二年四
月奉准工部咨各省捐修城垣例准量加獎勵
其士民捐資自行經理之工應令委勘結報將
分別獎議之處專摺奏明辦理一面飭造工段
清冊送部至工料冊籍有不能盡合部例之處
自應寬其文法毋庸輾轉駁查庶士民等感激
天恩於公事較爲有益至地方官雖不經手錢糧究
係職司督察應仍令照例保固以歸核實等因
今淡水廳官紳士民捐建城垣冊報共用工料
銀一十四萬七千四百九十兩零又修建
社稷壇
山川壇五穀祠共工料銀一千一百六十五兩零又
改建

咨補彰化縣貓霧巡檢易金杓俱能認真督率
工程鞏固洵屬實心任事奮勉可嘉可否准予
加銜陞用以示鼓勵之處出自
聖慈又城工總理候選員外郎林國華進士候選知
縣鄭用錫生員林祥麟等三名俱各實心向義
出力急公應同以次出力之董事職員林國寶
等十五名一併仰懇
天恩勅部分別從優議敘以爲急公好義者勸除將
各項冊結咨部查核仍飭令該道府轉飭地方
官將前項捐竣城垣等項照例保固以資經久
外臣等謹合詞恭摺奏
聞並繕清單恭呈
御覽伏乞
皇上聖鑒謹
奏
另有旨
道光十年五月　二十九　日

奏

閩浙總督臣孫爾準
福建巡撫革職留任臣韓克均跪

奏為官民捐建城垣等項完竣恭摺奏

聞仰祈

聖鑒分別獎勵事竊照臺灣府屬淡水廳城垣原係

環植莿竹分設四門築有土墊年久傾圮道光

六年據該廳士民等呈請捐輸建築經臣孫爾

準在臺具

奏欽奉

上諭淡水土城現經該處紳士捐資改建着該道府

督同廳員倡率辦理務期工堅料實俾臻鞏固等

因當經恭錄轉行欽遵辦理在案旋據前臺灣

道孔昭虔親詣淡水查勘城垣應建基址並據

紳士公議改建石城由道

奏明遴委署竹塹巡檢易金杓就近隨同署淡水

同知李慎彝督率董事人等鳩工庀材擇吉興

龍神廟工料銀二百七十四兩零又建修明志書

院工料銀一千六百二十四兩零又建蓋名宦

鄉賢昭忠節孝四祠共工料銀四千一百八十

二兩零合計共用銀一十五萬四千七百三十

七兩零尚剩銀六百六十二兩零另蓋店屋積

存租銀以為將來貼補修理之費內督撫臣各

倡捐廉銀一千兩通臺道府廳縣各官分年勻

捐番銀二萬元折銀一萬四千二百八十五兩

零其餘俱係各衿民捐輸由廳取造捐户姓名

銀數及各項清冊圖說出具印結由府道逐層

加結送司按照捐輸銀數開單請

奏前來臣等查定例捐修城垣官員捐資五一兩

至一百五十兩分別記功二百兩至三百兩以

上分別紀錄士民捐資十兩以上賞給花紅三

十兩以上獎以匾額五十兩以上遞加獎勵至

三四百兩者據實奏請給以八品頂戴捐至一

二千兩及三四千兩者題請從優議敘等語今

淡水廳城垣等項捐建完竣除捐銀三十兩以

下業已由廳酌賞花紅其捐銀三十兩以上至

三百兩以下各户應由臺灣道府及地方官分

別賞給花紅匾額遞加獎勵俱毋庸議外所有

捐輸銀數在三四百兩以及一二千兩以上之

張惟明等三十七名理合循例

奏明請

旨勅部議給頂戴並酌加議敘至在工出力之署淡

闽浙总督孙尔准等奏折：

台湾淡水厅士民捐修城垣书院坛庙已竣工请奖捐输人员

道光十年五月二十九日（1830年7月18日）

◎ 重修台郡天后宫图

正殿

益日繁人文漸盛據臺灣道府轉據前署淡水
同知陳培桂署噶瑪蘭通判王文棨查得淡水
廳屬烟戶大小丁口共有四十二萬零較前計
多十四萬零口內應試文童六百餘名初學作
文者二百餘名噶瑪蘭廳烟戶大小丁口共有
一十一萬三千零較前計多二萬四千零口內
應試文童四百餘名初學作文者二百三四十
名請將淡水廳學援照彰化縣學之例將原設
訓導改為教諭歲科兩試均照彰化縣學定額
取進噶瑪蘭廳援照淡水廳之例設立訓導一
員歲科兩試均照淡水廳學定額取進由福建
藩臬二司覈詳請
奏前來臣等查臺灣府屬淡水噶瑪蘭二廳戶口
既已日繁人文亦較前日盛應試文童多至倍
蓰自宜增廣學額添設學校以興文教而勵人
材擬請俯如該道府等所議淡水廳學援照彰
化縣學之例將原設訓導改為教諭歲科兩試

福州府屬十縣酌撥相同毋庸預定所有淡水
廳學改設教諭噶瑪蘭廳學添設訓導應換應
給各鈐記並請
敕下禮部分鑄頒發啟用以昭信守噶瑪蘭廳現請
添設訓導應給俸廩膳及歲貢旗匾鄉飲酒
禮等項請照淡水廳誌額編數目每年應額編
銀一百四十二兩八錢九分二釐五毫即在該
廳額徵餘租項下分別支解造銷其應行添建
文廟學署並祭樂各器概由就地官紳士庶捐辦將
來免予造册報銷尚有未盡事宜請俟覆准後
再由臺灣道府分飭籌議詳辦除咨部查照外
合將淡水噶瑪蘭二廳請增廣學額添設學校
緣由臣等謹會同福建學政臣孫毓汶合詞恭
摺具
奏伏乞
皇太后
皇上聖鑒訓示謹
奏
軍機大臣奉
旨禮部議奏欽此
同治十一年四月　十二　日

奏

奏為臺灣府屬之淡水噶瑪蘭二廳人文日盛懇 福州將軍兼署閩浙總督臣文煜 福建巡撫臣王凱泰 跪

恩分別增廣學額添設學校以廣登進恭摺具

奏仰祈

聖鑒事竊照臺灣府屬之淡水廳自雍正元年建設

廳治應試童生先係附入彰化縣考試迨嘉慶

二十一年間

奏准設學即以彰化縣學訓導移設淡水廳其所

屬童生歸廳考試額進文童六名廩增生各補

取四名四年一貢又額進武童二名噶瑪蘭廳

係嘉慶十五年歸入版圖並無學額文童向在

淡水六名之中分進一名續准酌加二名以五

名分給淡童以三名分給蘭童廩增生亦酌加

二名於淡蘭二廳附生內考補嗣因該二廳紳

商士民歷年捐輸軍餉咸豐八年間經前任臺

灣道裕鐸

奏准淡水廳永遠加廣文武學額各二名噶瑪蘭

均照彰化縣學原定額進文童一十五名另加

淡屬奏定永遠廣額二名共取進一十七名廩

增生各補取一十五名二年一貢每試武生亦

照彰化縣學原額取進八名加淡屬永遠廣額

二名共取進一十名噶瑪蘭廳學援照淡水廳

之例另設訓導一員歲科兩試各取進文童八

名另加蘭屬奏定永遠廣額一名共取進九名

廩增生各補取六名四年一貢每試武生亦照

淡水廳原額取進二名加蘭屬永遠廣額一名

共取進三名各歸各廳考取至撥進府學係由

福州将军兼署闽浙总督文煜等奏折：

台湾府属淡水噶玛兰二厅请增广学额添设学校

同治十一年四月十二日（1872年5月18日）

◎ 台湾文石书院

◎ 台湾奎运书院

奎運書院

責成臺地歷屆考試考棚案卷一切具存在
朝廷不過歲捐廉俸數千金於臺灣士習民風均
有裨益如或一時經費為難可否令福建學臣
乘輪東渡按試臺屬計自福州海口歷臺北以
抵臺南水陸分程旬日可達臺南北兩棚八縣
應試人數無多歲科兩試合之往返程途約計
四月可以一律竣事於學臣按試各屬時日亦
尚不致耽悞臣愚昧之見是否有當謹附片具
陳伏乞
聖鑒謹
奏

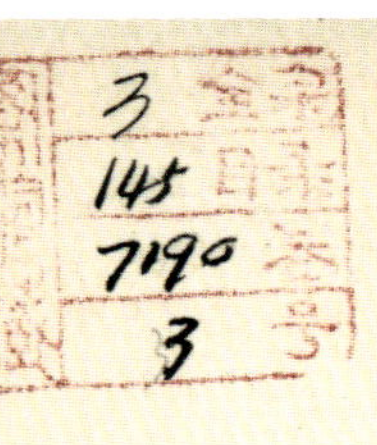

片

御史陳琇瑩片

再臺灣考試向由臺澎道嗣議改歸撫臣現值

新設行省撫番開墾庶務弗遑頗慮難於兼顧

臣惟臺地文風雖邇來日盛而僻處海外士鮮

實學其恃符健訟武斷鄉曲者所在多有非有

專司學校之員似不足以大加整頓可否仰懇

天恩俯念海疆多士嚮學無資添設臺灣學政以專

御史陈琇莹奏片：

请添设台湾学政或令福建学政东渡按试

光绪十二年（1886年）

第六十三名王芝蘭 山東長清縣人
第六十四名楊 溶 福建閩縣人
第六十五名陳子驥 廣東新會縣人
第六十六名俞冠岸 安徽宣城縣人

第一百七名鄭言紹 江蘇吳縣人
第一百八名張覲光 福建台灣縣人
第一百九名范廣衡 順天大興縣人
第一百十名王賀鈿 山東嶧縣人
第一百十一名施韶卿 湖北蘄州縣人
第一百十二名李和寀 湖北黄安縣人
第一百十三名鄭振馨 安徽婺源縣人
第一百十四名朱兆鴻 江蘇元和縣人
第一百十五名韓受卿 順天通州人
第一百十六名王器成 廣東瓊州府人

第一百八十二名張 鈞 山西忻州人
第一百八十三名邢光祖 甘肅秦州人
第一百八十四名傅樹堂 陝西漢陰廳人
第一百八十五名祝松雲 湖南衡陽縣人
第一百八十六名金 奎 正藍旗蒙古人

第一百五名何劉青 江西臨川縣人
第一百六名魏儒珍 直隸曲陽縣人
第一百七名劉蔡巖 雲南昆明縣人
第一百八名王志超 山東諸城縣人
第一百九名鄭用錫 福建淡水廳人
第一百十名方翀亮 廣東南海縣人
第一百十一名毛含昱 四川温江縣人
第一百十二名魏敦康 浙江嵊縣人
第一百十三名李百齡 廣西蒼梧縣人
第一百十四名丁建業 河南密縣人
第一百十五名曾毓璜 四川銅梁縣人
第一百十六名劉清源 山東臨朐縣人
第一百十七名雷時夏 陝西澄城縣人
第一百十八名莫若琦 直隸景州人
第一百十九名李春暄 四川内江縣人
第一百二十名周之瑞 河南祥符縣人
第一百二十一名段樹人 山西祁縣人
第一百二十二名梁 興 山西祁縣人
第一百二十三名王又曾 河南鞏縣人
第一百二十四名李超凡 山西太原縣人
第一百二十五名蘇捷卿 山西文水縣人
第一百二十六名富文溥 鑲白旗人
第一百二十七名黄雲書 雲南雲龍州人
第一百二十八名甯雲程 山東寧陽縣人
第一百二十九名鄭嶧杰 貴州廣順州人
第一百三十名王 埴 山東定陶縣人
第一百三十一名雷 鳴 湖北咸寧縣人
第一百三十二名秦大治 江蘇無錫縣人

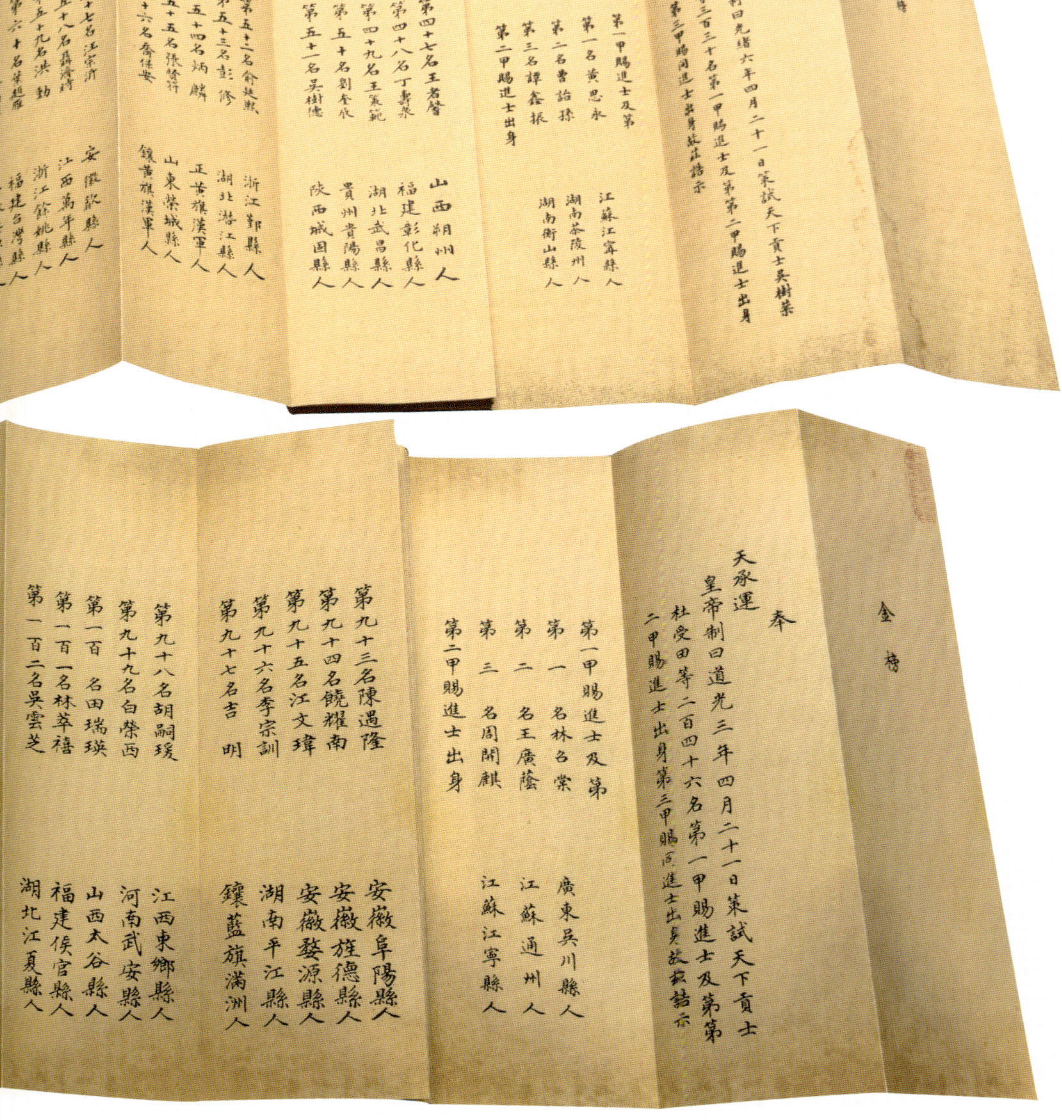

◎ 道光三年（1823年）、光绪六年（1880年）小金榜

一學政向歸臺灣道兼理光緒元年間曾有歸
巡撫兼理之議現應查照前議由道將學政關
防文卷呈送巡撫管理文武鄉闈援照安徽赴
江南彙考之例仍歸福建應試中額亦仍舊例
將來生聚日繁文才日盛再行酌核
奏明辦理

闽浙总督杨昌濬清单（局部）：

台湾文武乡试请仍归福建应试

光绪十二年六月十三日（1886年7月14日）

◎ 福建乡试放榜处：鼓楼

機器製造煤礦鐵路將來亦不患任使無才本
年復添學生十餘名所有洋教習每月脩伙洋
三百五十元漢教習二人每月各支薪水洋五
十元共折合庫平銀三百二十四兩學生由生
員考取者每月各給膏火銀八兩由文童考取
者每月各給銀五兩七錢六分幼童每月各給
銀二兩八錢八分另設門役廚伙夫共四名每
月各給工食銀三兩其學生椅棹器具以及隨
時應用外洋書籍紙筆等項據實開報約計脩
伙薪水膏火工食雜費一年需銀七千餘兩現在
鹽務項下動支將來必須建造學堂一處以資
棲宿應用經費俟工竣後再行造銷相應仰懇
天恩准飭先行立案按年彙銷所有臺灣開設西學
堂選取學生延訂教習動銷經費各緣由除咨
呈總理各國事務衙門海軍衙門暨咨戶部工
部查照外謹恭摺具
奏伏乞
皇太后
皇上聖鑒訓示施行謹
奏

該衙門知道

光緒十四年六月　　　初　　　日

奏

奏為臺灣開設西學堂選取學生延訂洋師教習　號
以育人才而資器使所有動銷經費懇
恩准飭先行立案恭摺仰祈
聖鑒事竊惟中外通商准彼此學習文藝自
京師設立同文館招選滿漢子弟延請西人教授
而天津上海福建廣東等處凡有仿造槍礮船
械之地無不兼設學堂風氣日開人才蔚起海
防洋務利賴良多臺灣為海疆衝要之區通商
籌防在在皆關交涉祇以一隅孤陋各國語言
文字輒未知所講求臣初到臺繙譯取材內地
重洋遠隔往往要挾多端月薪率至百餘金尚
非精通西學者因思聘延教習就地育才初擬
官紳捐集微貲造就一二聰穎子弟以資任用
詎一時聞風興起庠序俊秀接踵而來情殷入
學不得不開設學堂以廣
朝廷教育人才之意先後甄錄年輕質美之士二
十餘名延訂英國人布茂林為之教習生童酌
給膏火釐定課程並派漢教習二人於西學閒
暇時兼課中國經史文字既使內外通貫亦以
嫻其禮法不致盡蹈外洋習氣日以巳午未申
四時專心西學早晚則由漢教習督課遇西國
禮拜日課試策論每屆三箇月委員會同洋教
習考校一次等其優劣分別獎勵戒飭有不堪
造就者隨時撤退計自光緒十三年三月起迄
今已逾一年規模粗立臣嘗親加查察所習語

福建台湾巡抚刘铭传奏折：

请于台湾开设西学堂

光绪十四年六月初四日（1888年7月12日）

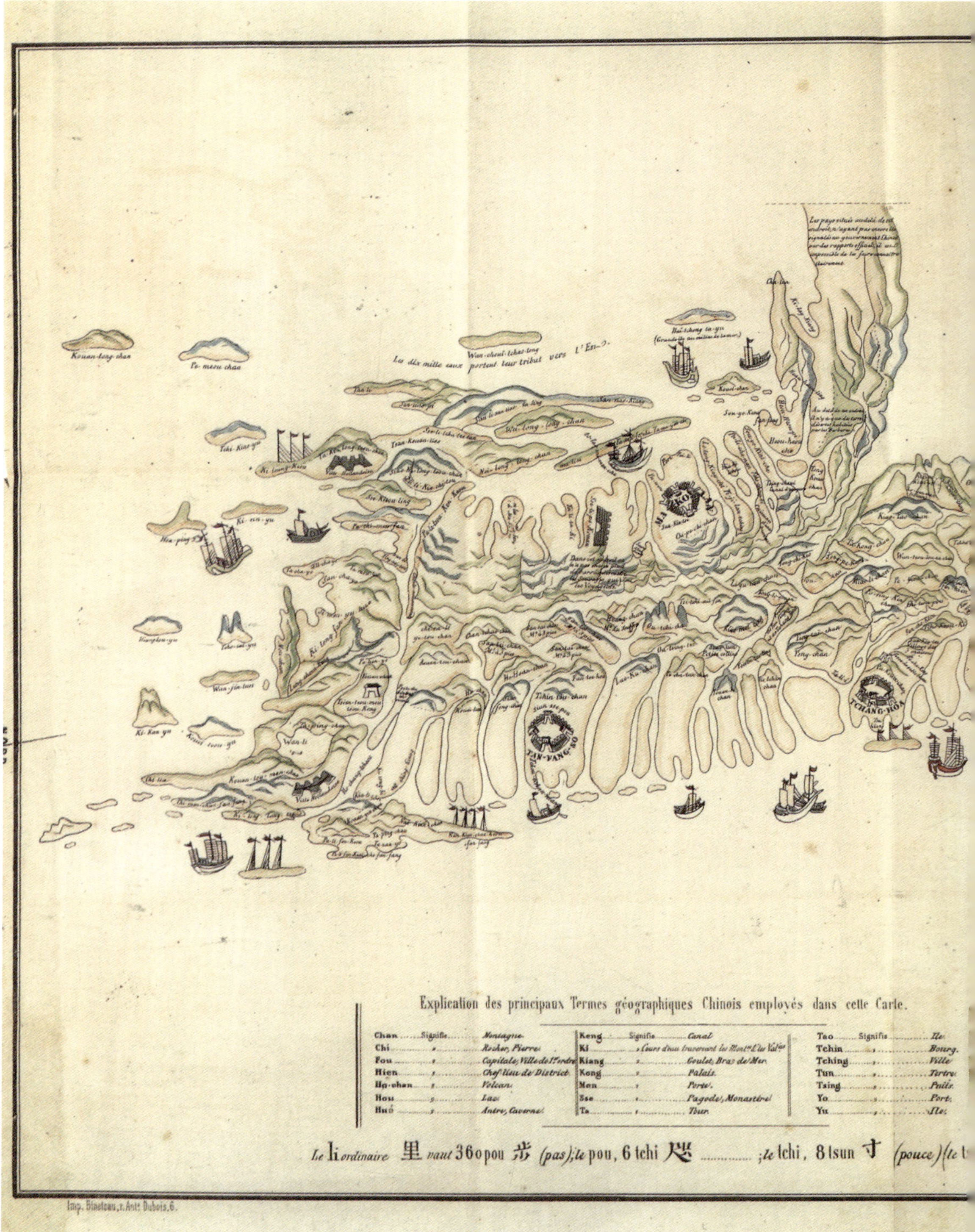
Les dix mille eaux portent leur tribut vers l'En...
TCHANG-HOA
Explication des principaux Termes géographiques Chinois employés dans cette Carte.
Chan ...... Signifie ...... Montagne.
Chi ...... " ...... Rocher, Pierre.
Fou ...... " ...... Capitale, Ville de 1re ordre
Hien ...... " ...... Chef lieu de District.
Ho-chan ...... " ...... Volcan.
Hou ...... " ...... Lac.
Huó ...... " ...... Antre, Caverne.
Keng ...... Signifie ...... Canal.
Ki ...... " Cours d'eau traversant les Mont.es & les Vallées
Kiang ...... " ...... Goulet, Bras de Mer.
Kong ...... " ...... Palais.
Men ...... " ...... Porte.
Sse ...... " ...... Pagode, Monastère.
Ta ...... " ...... Tour.
Tao ...... Signifie ...... Ile.
Tchin ...... " ...... Bourg.
Tching ...... " ...... Ville.
Tun ...... " ...... Tertre.
Tsing ...... " ...... Puits.
Yo ...... " ...... Port.
Yu ...... " ...... Ile.
Le li ordinaire 里 vaut 360 pou 步 (pas); le pou, 6 tchi 尺 .... ; le tchi, 8 tsun 寸 (pouce) (le t
Imp. Bineteau, r. Antᵉ Dubois, 6.

Bulletin de la Société de Géographie (Décembre 1858.) 4ème Série.
臺灣山海全圖
CARTE COMPLÈTE OROGRAPHIQUE
ET HYDROGRAPHIQUE
DE
FORMOSE
Traduite du Chinois
Par L. Léon de Rosny.
1856.
SUD
CAPITALE
KIA-YI
Remarques concernant la Prononciation des Mots Chinois reproduits sur cette Carte.

◎ 台湾山海全图